De reisgidsen in de reeks **SIMPELWEG** hebben slechts één doel: jou stress besparen bij het voorbereiden van je vakantie (uitstippelen van routes, overnachtingsplaatsen zoeken, enz.). Dat doel bereiken ze door zich te beperken tot de **absolute hoogtepunten en beste adressen in een streek**, zodat je niet urenlang op het internet en in reisgidsen hoeft te lezen.

Elke gids is samengesteld door een team van auteurs en redacteuren die de **bestemming door en door kennen** en dus de nodige praktische informatie, de beste routes en bestemmingen op een bondige, heldere manier aan je kunnen voorstellen. Ze suggereren **verschillende rondritten**, vertellen je wat je onderweg het beste bezoekt en verklappen je hun favoriete adressen.

Deze gids stelt je de **klassieke reis langs de absolute hoogtepunten** voor, van de hoofdstad Edinburgh naar het legendarische eiland Skye, met tussenstops in het bruisende Glasgow, het mysterieuze Loch Ness en de distilleerderijen van Speyside. Heb je zin in meer? Ga dan **op verkenning in de buurt van Edinburgh** of maak een **roadtrip door het uiterste noorden van de Highlands**, weg van de mensenmassa's!

100% SCHOTS

Wil je weten welke adressen de Schotten zelf het meest op prijs stellen? Je herkent ze aan dit hartje. Ze werden uitgekozen door **Sarah Lachhab**. Ze woont sinds 2015 in Edinburgh. Schrijven en geschiedenis zijn haar passies en ze deelt haar avonturen in Schotland, en ook leuke adressen, op haar blog **www.frenchkilt.com**.

INFORMATIE OVER DE BREXIT
Het Verenigd Koninkrijk heeft de Europese Unie verlaten en daardoor zijn er voor reizigers heel wat dingen veranderd. Info op https://www.visitbritain.com/nl/nl/plan-jouw-reis/reizen-naar-groot-brittannie/reizen-naar-groot-brittannie-na-brexit.

SIMPELWEG SCHOTLAND

DE MEEST PRAKTISCHE REISGIDS TER WERELD

Lannoo

INHOUD

PRAKTISCHE INFORMATIE

Schotland in een notendop	6
Hoe kom je er?	7
Klimaat	8
Met de auto reizen	10
Met het openbaar vervoer reizen	12
Met de veerboot reizen	14
Waar overnachten?	15
Budget	16
In Schotland verblijven	18
Feesten en vrije dagen	20
Veiligheid en gezondheid	21

KENNISMAKING MET SCHOTLAND

Ongerepte natuurpracht	22
De lochs van Schotland	24
De mooiste panorama's	26
Buitenactiviteiten	28
De mooiste kastelen	30
Schotse symbolen	32
Mythen en legendes	34
De mooiste dorpen	35
Filmlocaties	36
Culinaire specialiteiten	38
Schotse whisky	39
Een beetje geschiedenis	40

SCHOTLAND BEZICHTIGEN

DE HOOGTEPUNTEN VAN SCHOTLAND — 44

2 weken

Edinburgh	**46**
Excursie: Pentland Hills	58
> Route Edinburgh-Glasgow	60
Glasgow	**62**
Excursie: Isle of Bute	80
> Route Glasgow-Loch Lomond	82
Loch Lomond	**84**
> Route Loch Lomond-Oban	92
Oban en de eilanden	**94**
Oban	96
Mull, Iona en andere Hebriden	100
> Route Oban-Fort William	104
Fort William en omgeving	**106**
> Route Fort William-Isle of Skye	114
Isle of Skye	**116**
> Route Isle of Skye-Inverness	124
Inverness en Loch Ness	**126**
Inverness	128
Loch Ness	132
Excursie: In het spoor van de Schotse geschiedenis	134
> Route Inverness-Pitlochry	136

Quiraing, op het eiland Skye

Pitlochry en omgeving	138
Excursie: Naar de kust van Aberdeenshire	144
> Route Pitlochry-Edinburgh	146

IN EN ROND EDINBURGH 148

7 ideeën in de buurt

Dean Village en Leith	150
Het schiereiland Fife	156
De wereld van *Outlander*	160
Dundee	164
Stirling	168
The Lothians	172
The Borders	176

ROADTRIP OVER DE NORTH COAST 500   180

5 dagen

Van Inverness naar Wick	186
Van Wick naar Durness	188
Van Durness naar Ullapool	190
Van Ullapool naar Applecross	192
Van Applecross naar Inverness	194

REGISTER   202

SCHOTLAND IN EEN NOTENDOP

Een koe van het ras Schotse hooglander

Constituerend land van het Verenigd Koninkrijk
Hoofdstad: Edinburgh

1 uur en 40 min. vliegen
naar Edinburgh of Glasgow vanuit België en Nederland

Geldig paspoort
Sinds de Brexit is uitsluitend een ID-kaart niet voldoende

Tijdsverschil -1 uur
14.00 u in Brussel/Amsterdam = 13.00 u in Edinburgh

Taal: Engels
(maar je kunt ook Gaelic en Schots horen en lezen)

Pond sterling (£)
meestal kortweg 'pound' genoemd

5,5 miljoen inwoners

Oppervlakte
80.000 km², dus net iets groter dan België en Nederland samen

HOE KOM JE ER?

 MET HET VLIEGTUIG

- Vier internationale luchthavens, naar drie daarvan gaan rechtstreekse vluchten: Edinburgh, Glasgow en Aberdeen. **Edinburgh Airport en Glasgow Airport zijn het meest praktisch voor de routes die wij voorstellen.**
- **Duur vlucht:** ca. 1 uur en 40 min. naar Edinburgh en Glasgow.
- **Inverness Airport** kan interessant zijn voor de roadtrip over de NC500 (vlucht met overstap in Londen, Manchester, Stornoway of Belfast).

PRIJS VLIEGTICKET H/T

- Naar Edinburgh

€ 200	Gemiddelde prijs
€ 150	Uitstekende prijs
€ 100	Een koopje!

- Naar Glasgow

€ 230	Gemiddelde prijs
€ 180	Uitstekende prijs
€ 100	Een koopje!

Je kunt je vluchten het best ruim van tevoren reserveren, zeker in het hoogseizoen (juli-augustus).

 MET DE TREIN

- Met de **Eurostar naar London St Pancras.** Res. via www.eurostar.com
- Dan de **trein naar Edinburgh of Glasgow** (ca. 4 uur), meestal vanaf het station King's Cross (op wandelafstand van St Pancras).
- Reserveren via **www.scotrail.co.uk**
- Gemiddelde prijs Eurostar + trein: € 150 tot 400 per pers. (reserveren!).
- Vanuit Edinburgh en Glasgow aansluiting naar andere steden in Schotland.

KLIMAAT

IN WELK SEIZOEN REIS JE NAAR SCHOTLAND?
Het beste in de lente of de herfst. De temperaturen zijn dan zacht (7-13 °C) en de prijzen minder hoog.
In de zomer: de warmste maanden (15-23 °C), lange dagen en veel licht, maar veel toeristen en de prijzen schieten omhoog.
In de winter: weinig licht, vochtig en koud, veel bezienswaardigheden zijn gesloten.

NEERSLAG
Een zeeklimaat, de jaarlijkse hoeveelheid neerslag is vergelijkbaar met die in België en Nederland.
Het weer kan erg wisselvallig zijn. Uit het niets kan het opeens beginnen te regenen. Laat je niet verrassen!
In de winter sneeuwt het op de toppen van de Highlands.

GEMIDDELDE TEMPERATUREN
(min./max.)
5-8/20-25 °C in Edinburgh
2-5/18-22 °C in Inverness

De vuurtoren van Stoer Head

MET DE AUTO REIZEN

EEN AUTO HUREN

- **Reserveren:** kies voor de grote, internationale verhuurbedrijven. Reserveer ruim van tevoren.
- **Rijbewijs:** een nationaal rijbewijs volstaat.
- **Jonge chauffeurs:** geen verhuur aan -21 jaar, wie nog geen 25 is, moet vaak een toeslag betalen.
- **Betalen:** bijna uitsluitend met een creditcard (en geen pinpas). Vraag je bank voor vertrek welke betaalkaart je hebt.
- **Verzekeringen:** de basisverzekeringen zijn meestal inbegrepen, maar een all-risk zonder eigen risico is aan te bevelen.
- **Opgelet:** controleer of het aantal kilometer onbeperkt is en of de auto een ingebouwde gps heeft.

WEGENNET

- **Alle wegen zijn gratis!**
- De hoofdwegen, op verkeersborden aangeduid als **'A'-wegen**, verkeren altijd in goede staat.
- De secundaire wegen, op verkeersborden aangeduid als **'B'-wegen**, zijn er soms minder goed aan toe.
- De *motorways*, op verkeersborden aangeduid als **'M'-wegen**, zijn vergelijkbaar met die in Nederland en België. Het zijn wegen met 2x2 rijvakken (of meer), met een vaste middenberm en vangrails. Ze hebben blauwe borden.
- *Dual carriageways:* hetzelfde maar zonder middenberm. De borden zijn groen.
- **Afstandsaanduidingen:** worden aangegeven in mijl (1 mile = 1,6 km).

Een weg in de Highlands

JE MOET LINKS RIJDEN!
Blijf geconcentreerd, ook al wen je snel aan links rijden.

PARKEREN
- In de stad: overdag moet je betalen en het is duur. Check de borden voor de betaalde parkeertijden.
- Edinburgh en Glasgow bieden 'Park and Ride'-plekken aan, zodat je dicht bij een station kunt parkeren.
- Dubbele gele lijn = stilstaan verboden.

TANKEN
- Benzine is iets goedkoper (ca. £ 1,50/liter = € 1,70), diesel iets duurder (ca. £ 1,70/liter = € 1,90).
- Loodvrij = *unleaded*.
- In de kleine tankstations kun je niet aan de pomp betalen, dat doe je binnen, dus tijdens de openingstijden.

ALCOHOLLIMIET
- Je mag maximaal 0,5 g/l in je bloed hebben (zoals in België en Nederland).
- Er heerst een cultuur van 'zero tolerance'. Als je iets drinkt en dan achter het stuur kruipt, worden de wenkbrauwen gefronst (ook al is het niet verboden).

OP DE WEG

WAARSCHUWINGEN

- **In de stad:** maximumsnelheid van 30 mph (mijl/u), dus 50 km/u.
- **Op secundaire wegen (B)** bedraagt de maximumsnelheid 60 mph, ofwel 100 km/u.
- **Op hoofdwegen en snelwegen (A en M)** bedraagt de maximumsnelheid 70 mph, omgerekend 110 km/u.
- **Er zijn veel flitscamera's.**
- De **verkeerslichten** gaan eerst naar oranje en dan naar groen.
- Wees **geduldig en hoffelijk.**

- In de Highlands is een **single track road** net breed genoeg voor één voertuig.
- Gebruik de *passing places,* passeerzones aan de kant van de weg waar je blijft staan zodat de tegenligger voorbij kan rijden.
- Geef de chauffeur met de hand aan dat hij voorbij kan rijden.
- Rijd langzaam en rijd niet te dicht achter je voorligger.

MET HET OPENBAAR VERVOER REIZEN

MET DE TREIN

- Het spoorwegnet wordt beheerd door **ScotRail**. Informatie, reistijden en prijzen op: www.scotrail.co.uk
- Met de formule **Anytime Day Single** reis je op een gekozen dag met om het even welke trein naar om het even welke bestemming (retour).
- Op dezelfde dag heen en terug reizen kost doorgaans evenveel als een enkeltje!
- Houd je kaartje bij, het wordt gescand wanneer je uitstapt.

MET DE TREIN VAN STAD NAAR STAD

Vanuit Edinburgh en Glasgow kun je naar de meeste stations in Schotland.
- **Edinburgh–Glasgow:** 2 tot 4 treinen/uur, rit van 55 min., £ 15.
- **Edinburgh–Inverness:** 1 trein elke 2-3 uur, rit van 3 uur en 30 min., £ 50.
- **Glasgow–Inverness:** 1 trein elke 2 uur, rit van 3 uur en 15 min., £ 48,50.
- **Edinburgh–Aberdeen:** 1 trein/uur, rit van 2 uur en 30 min., £ 26.
- **Edinburgh–Oban:** 3 treinen/dag, rit van 4 uur (overstappen in Glasgow), £ 49.

TIPS VOOR GOEDKOPERE KAARTJES

De vermelde tarieven zijn die aan volle prijs. Enkele tips om minder te betalen:
- Als je zeker weet op welke data je reist, reserveer dan van tevoren een **Advance ticket**. Dat kan niet terugbetaald worden, maar is wel goedkoop.
- **In de daluren reizen** is goedkoper! Kies dan voor een **Off-Peak Single**.
- De bus is doorgaans minder duur dan de trein, maar je bent wel langer onderweg.
- Kinderen jonger dan 5 reizen gratis.

DE BESTE PASSEN VAN SCOTRAIL

Central Scotland Rover (3 dagen doorheen het centrum, £ 55), **Highland Rover** (8 dagen in de Highlands, £ 95) en **Scottish Grand Tour** (lusvormige route door het land, 8 dagen, £ 89). Met de **Spirit of Scotland Pass** mag je alle intercity-treinen en -bussen nemen en ook enkele veerponten (vanaf £ 149).

MET DE BUS

- Verbindingen tussen de grote steden:
Citylink www.citylink.co.uk
National Express
www.nationalexpress.com
Megabus https://uk.megabus.com
- Lokale verbindingen, in de buurt van de grote steden:
First Bus www.firstgroup.com
Stagecoach www.stagecoachbus.com

- Belangrijkste lijnen van Citylink:
Edinburgh-Glasgow: rit van 1 uur, vaak vertraging. Enkel: £ 8, retour: £ 10.
Edinburgh-Inverness: rit van 4 uur, £ 20 tot 35.
Glasgow-Portree (Isle of Skye): rit van 6 uur, £ 45.

BUSPAS

Met de **Explorer Pass** van Citylink (www.citylink.co.uk, vanaf £ 52) mag je gedurende een bepaalde periode (3, 7 of 14 dagen) gebruikmaken van alle bussen.

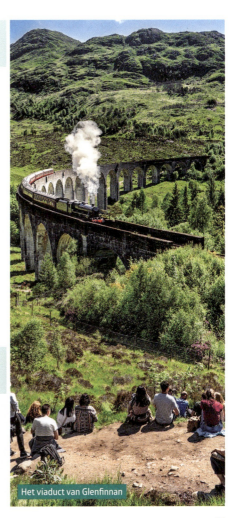
Het viaduct van Glenfinnan

MET DE VEERBOOT REIZEN

ALGEMEEN

- In het westen van het land worden de meeste overtochten verzorgd door **Caledonian MacBrayne (CalMac),** www.calmac.co.uk
- Reserveer, indien mogelijk, je kaartjes ruim van tevoren, zeker als je in de periode juli-augustus naar het eiland Skye wilt varen.
- Zorg dat je **ruim op tijd** bij de aanlegsteiger bent, zeker als je een voertuig moet inschepen.

TIPS

- CalMac biedt de formule **Island Hopping** aan. Daarmee kun je in de gekozen zone verschillende veerponten nemen.

- Schrijf je bij CalMac in om per sms informatie te krijgen over **vertragingen en annuleringen** of check het Twitteraccount van het bedrijf (@CalMac_Updates).

De veerpont naar het eiland Bute

WAAR OVERNACHTEN?

ALGEMEEN

- Overnachten is in Schotland erg duur (hotels zijn nog een pak duurder dan B&B's).
- Neem de tijd om de **annuleringsvoorwaarden uit te pluizen** alvorens te reserveren.
- Het ontbijt is niet automatisch inbegrepen.

HOTELS EN B&B'S

- **In de zomer moet je lang van tevoren reserveren,** zeker in Inverness en op het eiland Skye. In de kerstperiode zijn de kamers in Edinburgh ook vlug volzet.
- Doorgaans bieden Bed & Breakfasts en *guesthouses* een beperkt aantal kamers aan en krijg je er een uitgebreid ontbijt.
- Een hotel of B&B reserveren kan via www.visitscotland.com

HOSTELS (JEUGDHERBERGEN)

- Doorgaans heel **schoon en goed onderhouden,** de Schotse *hostels* zijn echte ontmoetingsplaatsen!
- Een **accommodatievorm die erg verspreid is.** Steeds meer *hostels* bieden ook privékamers aan.
- Overnachten in een slaapzaal is **goedkoop** (£ 10 tot 30/pers./nacht), met toegang tot gemeenschappelijke ruimtes (keuken, wasplaats met wasmachine, salon...).
- Reserveren op: www.hostellingscotland.org.uk

CAMPINGS

- **Wildkamperen is toegestaan,** behalve indien anders vermeld. Een gouden regel: laat geen enkel spoor achter! Kampeer je in de buurt van een huis, ga de bewoners dan even informeren.
- Veel campings verhuren ook huisjes of stacaravans.
- **Verschillende mobiele apps om een camping te vinden:** Campmate App, AA Caravaning, WikiCamps UK, enz.

BUDGET

BETAALKAARTEN

- Je kunt je betaalkaart overal gebruiken, ook voor kleine bedragen, maar pas op voor de kosten.
- Breng de bank op de hoogte van je reis en verhoog de limieten om in het buitenland geld op te nemen en te betalen.

- **Tip:** noteer het kaartnummer van je betaalkaart.

- **Kaarten blokkeren:**
- België: ✆ +32 78 170 170.
- Meldcentrale Nederland: ✆ +31 88 385 53 72 of via de 24/7-hulplijn van je bank.

WISSELKOERS

- In april 2023:
£ 1 = € 1,14
£ 20 = € 22,7
- Geld wisselen kan in wisselkantoren, banken, postkantoren (let op hoeveel commissie je moet betalen), en zelfs in reisbureaus (soms een voordeligere koers).

TAKSEN EN FOOIEN

- De vermelde prijzen zijn inclusief alle taksen.
- Een fooi is niet verplicht, maar doe zoals de Schotten. Ben je tevreden, geef dan een fooi van ongeveer 10%.

PRIJZEN

- **Lunch:** £ 7 tot 15 voor *fish & chips*.
- **Avondeten:** £ 25 tot £ 35 in een restaurant.
- **Koffie:** £ 2 tot 4.
- **Bier:** £ 4 tot 5.
- **Hotel:** ca. £ 80 voor een nacht in een twee- of driesterrenhotel, buiten de grote steden.
- **Regionaal museum:** £ 4 tot 10.
- **Kasteel, abdij, distilleerderij:** £ 6 tot 12 (en zelfs tot £ 19!).

BANKBILJETTEN

In Schotland worden de bankbiljetten door verschillende banken uitgegeven: ze zien er dus anders uit. Maar je kunt de biljetten zonder probleem overal in het Verenigd Koninkrijk gebruiken.

KORTINGEN EN GRATIS

- Alle nationale musea zijn gratis.
- Op 30 november (Saint Andrew) zijn sommige bezienswaardigheden gratis.
- *Early Bird:* 's avonds goedkoop eten door vroeg aan tafel te gaan (17.30-18.30 u).

BEZOEKERSPASSEN

- **National Trust for Scotland:** wie voor een jaar lid wordt, heeft gratis toegang tot een zestigtal topattracties (en hun parkeerterrein). Vanaf £ 63/volwassene, £ 118/gezin.

- **Historic Scotland Explorer Pass:** toegang tot 77 bezienswaardigheden die door Historic Scotland worden beheerd. £ 30 tot 40/pers. voor 3/7 bezoekdagen gespreid over 5/14 dagen.

- Deze passen koop je via www.visitbritainshop.com

Glen Coe Valley

IN SCHOTLAND VERBLIJVEN

OPENINGSTIJDEN
- **Winkels:** sluiten om 18.00 u. Geopend op zo.
- **Musea:** sluiten rond 16.30-17.00 u.
- **Avondmaal:** vroeg. In de Highlands sluit de keuken vaak om 20.00 u.
- **Bars:** sluiten om 1.00 u, soms om 3.00 u.

ELEKTRICITEIT
- Hetzelfde voltage als in België en Nederland.
- Stopcontacten hebben drie punten, je moet dus een adapter meenemen.

TABAK & ALCOHOL
- In openbare gebouwen mag je niet roken, ook niet in stations.
- Als je er jong uitziet, zal de barman een identiteitsbewijs vragen wanneer je aan de bar komt bestellen.

DE TALEN IN SCHOTLAND
Er zijn drie officiële talen: Engels, Gaelic en Schots. Iedereen spreekt Engels, maar vooral in het noorden kun je hier en daar verkeersborden in het Gaelic tegenkomen.

Rannoch Moor

TOERISTENBUREAU
Veel gemeenten hebben een bureau, een **VisitScotland iCentre**. Daar vind je kaarten, informatie, tips, enz. Je herkent ze aan het paarse uithangbord.

 **TELEFONEREN**

In Schotland bestaan alle vaste en mobiele telefoonnummers uit elf cijfers. Mobiele nummers beginnen met 07.

Vanuit België en Nederland naar Schotland bellen:
✆ **00 44**, dan het nummer zonder de 0 vooraan.
Bijvoorbeeld: ✆ 00 44 1315 031 001.

Naar Nederland bellen:
✆ 00 31, dan het nummer zonder de 0.
Naar België bellen:
✆ 00 32, dan het nummer zonder de 0.

Lokaal bellen in Schotland:
Alle elf cijfers, dus ook de 0 vooraan.
✆ 01 315 031 001.

ROAMING EN MOBIELE DATA

Het Verenigd Koninkrijk maakt niet langer deel uit van de Europese Unie en dus is roaming niet langer automatisch gratis. Telecomoperatoren mogen dus kosten aanrekenen voor het verbinden met een buitenlands netwerk, maar verschillende operatoren doen dat niet en passen voor het Verenigd Koninkrijk dezelfde regels toe als voor de rest van de EU. Informeer bij je telecomprovider of bellen en surfen duurder is en hoeveel je surfvolume bedraagt.

FEESTEN EN VRIJE DAGEN

1 en 2 januari	Hogmanay (Nieuwjaar)
Maart/april (datum varieert)	Goede Vrijdag
Eerste maandag van mei	Bank Holiday van mei
Laatste maandag van mei	Bank Holiday van de lente
Eerste maandag van augustus	Bank Holiday van de zomer
30 november	St Andrew's Day, beschermheilige van Schotland
25 december	Kerstmis
26 december	Boxing Day, tweede kerstdag

Alleen op 1 januari en 25 december is alles dicht. Op de andere feestdagen zijn uitsluitend scholen, banken en sommige musea gesloten.

HALLOWEEN

In Schotland heet dit feest 'Samhuinn'. In Edinburgh wordt het gevierd met een uitbundig vuurfeest op Calton Hill.

HOGMANAY

Nieuwjaar is erg belangrijk in Schotland. In Edinburgh wordt dat heel groots gevierd, ook elders gaat het niet onopgemerkt voorbij.

VEILIGHEID EN GEZONDHEID

- Dankzij een akkoord met het Verenigd Koninkrijk is de **Europese zieteverzekeringskaart** nog altijd geldig om medische kosten in Schotland terugbetaald te krijgen.
- Geen enkel vaccin is verplicht.
- Er zijn geen specifieke veiligheidsproblemen.

NOODNUMMER

999 of 112 (alle noodoproepen)
101 (politie, geen noodoproepen)
111 (om een arts te spreken)

 WAARSCHUWINGEN

- **Wees voorzichtig tijdens wandeltochten:** sommige tochten zijn erg moeilijk, ook al blijft het aantal hoogtemeters beperkt. Informeer je voor je vertrekt, draag aangepaste kledij en neem de nodige plaatselijke kaarten mee op je tocht. De kans is groot dat je telefoon geen ontvangst heeft!
- *Midges:* deze steekvliegen zijn erg talrijk in de zomer (mei-sept.), vooral in de Highlands en op de eilanden. Neem voorzorgsmaatregelen: breng een hoofddeksel met muggengaas mee, koop insectenspray (het lokale merk is Smidge), draag kleren in lichte kleuren.
- **Teken (*ticks*):** ze komen vooral voor in bosrijke gebieden. Neem een tekentang mee en ontsmet elke beet.

De Cuillin Hills, Skye

ONGEREPTE NATUURPRACHT

Het eiland Skye
blz. 116

Bizarre rotsformaties, kapen, kliffen en watervallen, dit eiland pakt uit met landschappen waarvan je denkt dat ze niet kunnen bestaan. Een waar wandelparadijs!

Glen Coe Valley
blz. 111

Doorkruis deze grote vulkaanvallei en stop onderweg om foto's te maken van The Three Sisters, drie indrukwekkende, steil oprijzende pieken.

Isle of May
blz. 158

Dit kleine eiland voor de Firth of Forth, het estuarium van de Forth, is een natuurreservaat met duizenden zeevogels en ook zeehonden.

Het eiland Staffa
blz. 102

Dit vulkanische eiland wordt nu bevolkt door vogels en is bekend om zijn prachtige kliffen met geometrisch perfecte basaltzuilen.

Ben Nevis
blz. 110

De hoogste berg van het Verenigd Koninkrijk (1345 m) is moeilijk te beklimmen, maar makkelijk te bewonderen... vanaf beneden, in Spean Bridge of Fort William.

Smoo Cave
blz. 189

Deze grot in het uiterste noorden van Schotland heeft hoge plafonds en is bijzonder: aan de ene kant is ze uitgesleten door de oceaan, aan de andere kant door een rivier!

DE LOCHS VAN SCHOTLAND

Loch Tummel

MEREN OF FJORDEN

Schotland telt meer dan **30.000 meren** en is goed voor **90% van de zoetwaterreserves van het Verenigd Koninkrijk.** *Loch* is Gaelic voor **meren en fjorden.** De Schotse lochs zijn **langgerekt** omdat ze in valleien liggen die door **gletsjers** zijn uitgesleten.

LOCH MAREE, HET MOOISTE

Loch Maree, in het noordwesten van Schotland, heeft **blauw water en is omringd door bergen.** Het is een van de meest idyllische meren van het land (blz. 192). Het telt **een zestigtal eilanden** waarop de hier inheemse Schotse pijnboom groeit.

LOCH NESS, HET MEEST MYSTERIEUZE

Loch Ness is wereldberoemd, want hier zou **Nessie** wonen, het **legendarische zeemonster.** Onze favoriete plek om naar Nessie te speuren: **Urquhart Castle** (blz. 132)! Op het 40 km lange meer kun je ook een boottocht maken.

LOCH LOMOND, HET GROOTSTE

Met zijn oppervlakte van 71 km² is dit het grootste meer van Groot-Brittannië. Dicht bij Glasgow en een prima bestemming voor een beetje **avontuur** (blz. 84). Maak een leuke **boottocht** of **wandel** naar de top van **Conic Hill** en geniet van het fantastische uitzicht!

LOCH KATRINE, HET GEZELLIGSTE

Hier ben je op de geboortegrond van Rob Roy, de inspiratiebron van schrijver sir **Walter Scott.** Een tocht met de gelijknamige **stoomboot** is heel romantisch (blz. 89). Loch Katrine voorziet de stad Glasgow van drinkwater.

Het blauwe water van het Loch Maree

DE MOOISTE PANORAMA'S

Conic Hill
Makkelijk toegankelijk, uitzicht op Loch Lomond

Queen's View
Geweldig panorama op Loch Tummel

Glenfinnan Monument
Bewonder Loch Shiel en het beroemde viaduct.

The Old Man of Storr
Uniek uitzicht op het westen van Skye

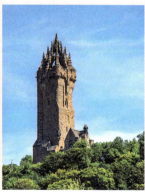

National Wallace Mon.
Onder de toren ontvouwt zich de vlakte van Stirling.

Duncansby Head
Kliffen en twee spectaculaire rotspieken

BUITENACTIVITEITEN

Wandelen

Op vlak terrein of in de bergen, alle moeilijkheidsniveaus en voor elk wat wils. Trek stevige schoenen aan en kies een wandelpad op www.walkhighlands.co.uk

Hengelen

Erg populair in Schotland, zowel in de rivieren als in de lochs. Sommige plekken zijn duur, maar beginners kunnen zich op meer betaalbare locaties in de hengelsport laten inwijden.

Golfen

In Schotland wordt al sinds de 15de eeuw golf gespeeld. Het land telt meer dan 550 golfbanen. En die zijn minder duur dan je zou denken!

Watersporten

Wie van water houdt, kan zeilen of kajakken op Loch Lomond, kanoën op het Caledonian Canal of raften op de rivier de Tay.

Fietsen

Schotland telt veel fietsroutes, een sportieve manier om het land te verkennen. Wees voorzichtig, fietspaden zijn zelden van de weg gescheiden!

Skiën

Schotland telt vijf bescheiden skigebieden die vanaf de eerste sneeuw opengaan. Wanneer er geen sneeuw ligt, kun je er wandelen, mountainbiken, enz.

DE MOOISTE KASTELEN

Inveraray Castle
Neoklassiek en stijlvol,
thuis van de Campbell-clan

Cawdor Castle
Een sprookjeskasteel
in een groene omgeving

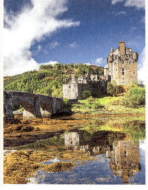

Eilean Donan Castle
Imposant kasteel
op een eilandje in het loch

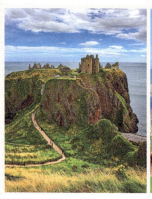

Dunnottar Castle
Spectaculair, zoals veel
plekken in Schotland

Urquhart Castle
Onweerstaanbare ruïne
aan Loch Ness

Dunrobin Castle
Het meest romantische
kasteel, in Franse stijl

SCHOTSE SYMBOLEN

DE DISTEL, SYMBOOL VAN EEN NATIE

Frankrijk heeft de lelie, Schotland de distel. Volgens de legende wilden Vikings 's nachts een clanhoofd aanvallen. Ze waren blootsvoets, trapten in **distels** en wekten zo de soldaten. Er zijn nog meer nationale symbolen: de **eenhoorn** is het symbooldier van Schotland, en de **Saltire,** de naam van de **blauwe vlag met het andrieskruis,** Saint Andrew is de patroonheilige van Schotland.

DE HIGHLAND GAMES

Ze bestaan al sinds de 12de eeuw, maar kwamen echt tot ontwikkeling in de 14de eeuw, toen clanhoofden hun manschappen wilden samenbrengen. Tegenwoordig zijn het feestelijke bijeenkomsten, een soort Schotse Olympische Spelen, waarbij atleten de strijd aangaan in paalwerpen, touwtrekken en andere disciplines, begeleid door doedelzakmuziek. **Van mei tot september** worden er elk weekend *games* georganiseerd.

GAELIC

Deze oude Keltische taal is een officiële landstaal en wordt tegenwoordig nog altijd gesproken door ongeveer **60.000 mensen** van alle leeftijden. Je zult ze vooral horen in het **westen van Schotland** (het eiland Skye, langs de NC500), waar je ook **tweetalige verkeersborden** tegenkomt. Bovendien ken je al een paar woorden Gaelic: **clan, plaid, whisky.**

DE CLANS
Tussen kilt en tartan

Families vormden samen een clan, met een clanhoofd. Tot de 18de eeuw vormde dat systeem de **basis van de samenleving in de Highlands.** Na de nederlaag bij Culloden in 1746 (blz. 134) verbrokkelde het clansysteem. Mannen en vrouwen maakten **tartans,** gekleurde, wollen stoffen. De mannen droegen een lange **plaid** die om het lichaam werd gewikkeld, in de 18de eeuw deed de **kilt** zijn intrede. In de 19de eeuw kreeg elke clan zijn kleuren en specifieke motieven. Tegenwoordig worden kilts uitsluitend nog tijdens bijzondere gelegenheden gedragen. Ze zijn duur (meer dan £ 400), want je hebt meters stof nodig en een kilt maken vergt veel vakmanschap.

MUZIEK EN DANS
Ceilidh en doedelzak

De traditionele Schotse muziek leeft en wordt erg gewaardeerd, dat merk je aan de vele **zomerfestivals.** Daar hoor je zowat altijd **doedelzakken,** het traditionele, emblematische instrument dat al sinds de middeleeuwen in Schotland bespeeld wordt, maar ook **violen, harpen, enz.**

En in Schotland gaan muziek en dans hand in hand! Waag je in een pub, op een festival of tijdens Highland Games aan *ceilidhs,* **traditionele groepsdansen.** Mensen dansen dan samen op de muziek van een ontketende viool. Erg ritmisch en onstuimig, en er heerst altijd een opperbeste sfeer!

MYTHES EN LEGENDES

MARY KING'S CLOSE IN EDINBURGH

In de 16de en 17de eeuw hield de pest lelijk huis in dit straatje. In de 18de eeuw werd alles gesloopt en werd de City Chambers hier gebouwd. Tijdens het bezoek krijg je het verhaal te horen van **Annie, de geest van een meisje** dat in dat straatje geleefd heeft.

De kelpies van Andy Scott

DE KELPIES

Deze **watergeesten** leven op de bodem van lochs, nemen vaak de gedaante van een paard aan en ontvoeren mensen. Kunstenaar Andy Scott heeft twee enorme Kelpies gemaakt (blz. 60). Ze zijn goed zichtbaar vanaf de M9, de snelweg tussen Edinburgh en Stirling, ter hoogte van Falkirk.

HET MONSTER VAN LOCH NESS

Het beroemdste monster van het land! Al sinds de 6de eeuw doen er verhalen de ronde, maar pas vanaf de 20ste eeuw liet het monster dat in Loch Ness (blz. 132) woont de verbeelding echt op hol slaan. **Nessie** lokt jaarlijks nog altijd één miljoen bezoekers!

DE SPOKEN VAN GLAMIS CASTLE

Glamis Castle (blz. 144) is een kasteel met verschillende spoken, zoals dat van **Janet Douglas,** ter dood gebracht wegens hekserij. Het spook van **Earl Beardie,** een van de oude kasteelheren, zou vastzitten in een geheime kamer en daar voor eeuwig met de duivel zitten kaarten.

THE WHITE LADY

Volgens de legende stierf de 'witte dame' van **St Andrews** (blz. 159) na de dood van haar geliefde aan een gebroken hart en werd ze in de buurt van de **kathedraal** begraven. Sindsdien is ze heel wat keren gezien. In het donker glijdt haar spook rond, het draagt een witte jurk en straalt licht uit.

DE MOOISTE DORPEN

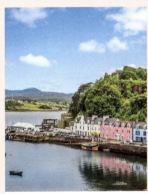

Portree, Isle of Skye
Erg harmonieus voormalig vissersdorp (blz. 120)

Cromarty, Black Isle
Vissershuizen en gebouwen in *Georgian style* (blz. 186)

Plockton, Loch Carron
De 'parel van de Highlands' (blz. 125)

Tobermory, Isle of Mull
Huizen in felle kleuren bij de haven (blz. 102)

Crail, Fife
Dit oude koninklijke dorp is nu *trendy* (p. 158).

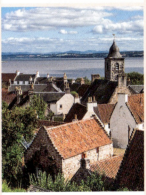

Culross, Firth of Forth
Een okerkleurig paleis en een abdijruïne (blz. 162)

FILMLOCATIES

Glen Coe en Glen Etive
Skyfall, James Bond rijdt erin op de A82 (blz. 111).

Glenfinnan Viaduct
Harry Potter, de brug van de *Zweinsteinexpres* (blz. 114).

Rosslyn Chapel
The Da Vinci Code, de slotscène (blz. 174).

Glen Nevis
Braveheart, de streek van William Wallace (blz. 110).

Eilean Donan Castle
Highlander, het kasteel van Connor MacLeod (blz. 124).

Edinburgh
The Angels' Share, Robbie in Princes Street (blz. 52).

Glen Coe Valley

CULINAIRE SPECIALITEITEN

Haggis
Traditioneel gerecht op basis van schapenmaag. Heerlijk

Scottish breakfast
Eieren, bonen, haggis, bloedworst... Een ervaring!

Zalm
Gekweekt of wild, altijd lekker

Aberdeen Angus
Rund zonder hoorns, gevoed met gras van de Highlands

Scotch egg
Een hardgekookt ei met gehakt en broodkruim

Fish & chips
Gefrituurde kabeljauw of schelvis, met frites en azijn

Schotse gin
De hippe alcohol, afgewerkt met plantenextracten

Schots bier
Er worden honderden artisanale bieren gebrouwen.

Shortbread
Koekje met boter, perfect voor een zoete pauze

SCHOTSE WHISKY

DE BENAMING SCOTCH WHISKY

Het recept voor **Schotse whisky** is eenvoudig: **gerst, gist, water** en geduld. De gerst moet mouten (ontkiemen, in het Engels *malt*), je voegt gist toe, laat het mengsel (*wash*) gisten en dan distilleer je het. Tot slot moet de alcohol minstens **drie jaar** in een vat rijpen.

WHISKY IN CIJFERS

Meer dan **120 distilleerderijen, 10.000 werknemers** en **30.000 onrechtstreekse banen,** de whiskysector is een belangrijke pijler van de Schotse economie en levert miljoenen ponden op.

MALT WHISKY TRAIL

De Malt Whisky Trail (blz. 136) is een route langs **negen plaatsen** in de regio **Speyside,** die met de meeste distilleerderijen van Schotland, die helemaal aan whisky zijn gewijd (8 distilleerderijen, 1 kuiperij)! Alle info over de route vind je op **www.maltwhiskytrail.com**

BLENDED OF *SINGLE MALT*?

Er wordt vaak veel nadruk gelegd op het verschil tussen *single malt whisky* en *blended malt whisky*. **Single malt** is ontwikkeld op basis van **gemoute gerst** uit één distilleerderij. Als die uit één vat komt, heb je een **single cask** whisky (en die is duurder!). Een **blended malt** krijg je door **verschillende *single malts* te mengen**. Vraag je niet af welke de beste is, laat je gewoon leiden door jouw smaak!

WAAR WHISKY ONTDEKKEN?

- **De stokerijen in Speyside** (blz. 136).
- **The Scotch Whisky Experience** (blz. 50): whiskymuseum in hartje Edinburgh, met de grootste whiskycollectie ter wereld.
- **Edradour Distillery,** Pitlochry (blz. 140): piepkleine distilleerderij waar je het hele productieproces kunt volgen.
- **Talisker Distillery,** Skye (blz. 120): produceert whisky met een turfsmaak die in heel Europa erg geapprecieerd wordt.

EEN BEETJE GESCHIEDENIS

Prehistorie
Cairns en menhirs

Schotland wordt vanaf de 12de eeuw v.Chr. bewoond. Vooral op de eilanden in het noorden zijn veel boeiende archeologische sporen te zien.

1ste-7de eeuw
Picten en Gaels

In de 1ste eeuw proberen de Romeinen verschillende keren tevergeefs Schotland bij hun rijk in te lijven. Ze stuiten op de Picten, Keltische stammen die een groot deel van het land bewonen. De Picten vermengen zich met Gaels die uit het westen komen en worden tot het christendom bekeerd door monniken die uit Ierland komen.

8ste-12de eeuw
Vikings en Angelsaksen

In de 8ste eeuw vestigen Vikings zich voor lange tijd in het noorden van Schotland. In het zuiden laten de Angelsaksen vanaf de 11de eeuw hun invloed gelden.

13de-15de eeuw
De onafhankelijkheidsoorlogen

In de 13de eeuw breekt de strijd om de Schotse kroon los. Edward I van Engeland valt het land binnen, steelt de Stone of Destiny (blz. 50), maar buigt in 1297 voor William Wallace, een edelman die het Schotse verzet leidt (en later voor hoogverraad wordt veroordeeld). Vanaf 1306 is Robert the Bruce koning. Hij maakt in 1328 een einde aan het conflict met de Engelsen, dat later weer oplaait.

16de eeuw
De heerschappij van de Stuarts

Van de 14de tot de 16de eeuw regeren de Stuarts over Schotland. De banden met Frankrijk worden aangehaald, vooral wanneer Mary Stuart, getrouwd met François II, koningin van Frankrijk wordt. De protestantse Reformatie van 1560 doet de Stuarts, overtuigde katholieken, stevig zweten, maar de dynastie blijft aan de macht, tot James VII in 1688 wordt afgezet.

17de-18de eeuw
Jakobietenopstanden

De jakobieten willen de katholieke Stuarts weer op de Britse troon zien. Tussen 1690 en 1746 komen ze vijf keer tegen de Britse kroon in opstand, en falen telkens.

19de eeuw
Neergang van de clans

Na de laatste jakobietenopstand, met Bonnie Prince Charlie en de nederlaag bij Culloden, stort het clansysteem in. Gronden worden verbeurdverklaard, de Highlands lopen leeg.

20ste-21ste eeuw
Wereldoorlogen en autonomie

De twee wereldoorlogen hebben een grote impact op de Schotse samenleving: bombardementen op Glasgow, marineaanvallen, enz. Er groeit een beweging die naar onafhankelijkheid streeft en nog altijd actief is. Schotland krijgt een parlement. In 2014 verliezen de voorstanders van onafhankelijkheid een referendum, maar in 2020 brengt de Brexit het onderwerp weer op tafel.

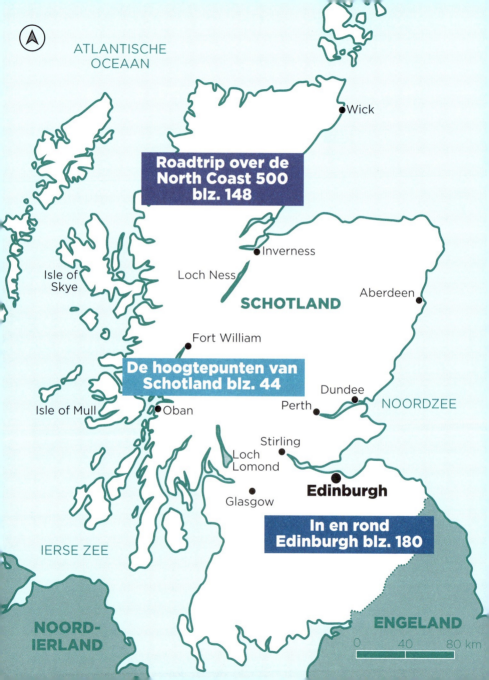

EDINBURGH • GLASGOW • LOCH LOMOND • OBAN EN DE EILANDEN • FORT WILLIAM • ISLE OF SKYE • INVERNESS EN LOCH NESS • PITLOCHRY • EDINBURGH

DE HOOGTEPUNTEN VAN SCHOTLAND

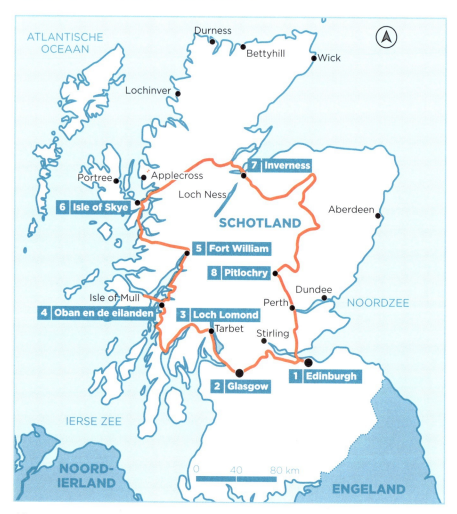

De klassieke Schotlandreis brengt je naar de mooiste lochs, kastelen en dorpen, en naar de Highlands!

> Een rondreis van twee weken, excursies inbegrepen.

1 Edinburgh

De kosmopolitische en intellectuele hoofdstad
2-3 dagen

2 Glasgow

De rebel
1-2 dagen

3 Loch Lomond

Onweerstaanbare halte met veel natuurschoon
1-2 dagen

4 Oban en de eilanden

Toegangspoort tot de eilanden Mull en Iona
2 dagen

5 Fort William

Glen Coe en Ben Nevis, echte wandelparadijzen
2 dagen

6 Isle of Skye
Adembenemende landschappen
2-3 dagen

7 Inverness en Loch Ness
Hoofdstad van de Highlands en het monster
1 dag

8 Pitlochry

Bossen en culturele parels
1 dag

DE HOOGTEPUNTEN VAN SCHOTLAND

EDINBURGH

VANAF DE LUCHTHAVEN NAAR HET CENTRUM

Met de bus: Airlink 100, vertrekt voor de aankomsthal; om de 10 min. een bus, een rit van 30 min.; £ 4,50 voor een enkeltje, £ 7,50 voor een retourtje.
Met de tram: één lijn, van de luchthaven naar het centrum; elke 7-12 min. een tram, dag. 5.00-23.00 u; een rit van 30 min.; £ 6 voor een enkeltje, £ 8,50 voor een retourtje.
Met de taxi: ze staan voor de luchthaven te wachten: een rit van 30 min.; £ 20 tot 30, afhankelijk van het tijdstip.

VERVOER IN EDINBURGH

Te voet: het meest praktisch als je in het centrum logeert en graag wandelt. In 30 min. wandel je van het kasteel van Edinburgh naar het paleis Holyroodhouse.
Met de bus: een goed netwerk, maar een verouderd systeem, bezoekers kunnen geen pas kopen. Je moet pasgeld klaar houden voor een kaartje (£ 1,80) of met een contactloze pinpas betalen (pas op voor eventuele bankkosten!).
Met de auto: niet in het centrum, er zijn nauwelijks parkeerplaatsen.

Voor het bezoek aan de wijken buiten het centrum en aan de wijdere omgeving van Edinburgh, zie blz. 150.

NUTTIG ADRES

VisitScotland iCentre: 249 High Street (aan de Royal Mile, dicht bij St Giles' Cathedral).
www.visitscotland.com/nl-nl

De Royal Mile in de zomer

RESERVEREN

Logies: reserveer zo vlug mogelijk. De tarieven schieten de hoogte in wanneer er sportevenementen en festivals plaatsvinden (Fringe, Hogmanay, enz.).
Activiteiten: win tijd en reserveer je kaartje voor het kasteel van Edinburgh en voor het paleis Holyroodhouse.

Ontdek het hart van de Schotse hoofdstad, het gebied tussen Old Town (de oude stad), gedomineerd door het kasteel van Edinburgh, en New Town (de 18de-eeuwse stad), elegant en goed georganiseerd.

WAT BEZOEKEN?

- A Edinburgh Castle
- B Royal Mile en Grassmarket
- C Scotch Whisky Experience
- D St Giles' Cathedral
- E The Real Mary King's Close
- F Greyfriars Kirkyard
- G National Museum of Scotland
- H Scottish National Gallery
- I Princes Street
- J Scott Monument
- K Scottish National Portrait Gallery
- L Palace of Holyroodhouse
- M Holyrood Park
- N Calton Hill

CAFÉS, LUNCHEN

- 1 Pep & Fodder
- 2 The Edinburgh Larder
- 3 Oink
- 4 Clarinda's Tearoom
- 4 Wanderlust Café & Bistro
- 6 Cafe Portrait
- 7 The Lookout

BARS EN PUBS

- 14 The Devil's Advocate
- 15 The Jolly Judge
- 16 Lilith's Lounge at House of Gods
- 17 Whistle Binkies
- 18 The Royal Oak

UIT ETEN

- 8 Mums Great Comfort Food
- 9 Maison Bleue
- 10 Noto
- 11 Mussel Inn
- 12 Amber Restaurant
- 13 The Queens Arms

SHOPPEN

- 19 Museum Context
- 20 Armstrongs Vintage
- 21 Cadenhead's Whisky Shop
- 22 Swish
- 23 Treasure Trove
- 24 Ragamuffin
- 25 The Fudge House

DE HOOGTEPUNTEN VAN SCHOTLAND

EDINBURGH

WAT BEZOEKEN?

Ⓐ EDINBURGH CASTLE
Castlehill | www.edinburghcastle.scot | Niet gratis | Rondleidingen inbegrepen

Het kasteel van Edinburgh, in de 12de eeuw gebouwd door David I, was de koninklijke residentie, een militaire burcht, gevangenis en kazerne. Nu is het het symbool van de Schotse natie. De hoogtepunten: de kroon van Schotland, de Stone of Scone (kroningssteen), de kamer waarin Mary Stuart bevallen is van de latere koning James VI, de Grand Hall en de gevangenissen. Trek twee tot drie uur uit voor het bezoek.

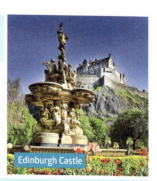
Edinburgh Castle

Ⓑ ROYAL MILE EN GRASSMARKET

De **Royal Mile** is een opeenvolging van vier straten (Castlehill, Lawnmarket, Hight St., Canongate) die samen de ruggengraat van de oude stad (Old Town) vormen. De wandeling van het kasteel naar het Palace of Holyroodhouse brengt je langs belangrijke gebouwen: het Schotse parlement, John Knox House – een van de oudste huizen van de stad – en het Schrijversmuseum. Neem zeker ook een kijkje in de *closes*, smalle straatjes die de hoogteverschillen tussen de stadsdelen overbruggen. Neem ten zuiden van de Mile de mooie Victoria St. en daal af naar de **Grassmarket**. Aan de oude markt vind je nu gezellige pubs en boetieks.

Ⓒ SCOTCH WHISKY EXPERIENCE
354 Castlehill | Niet gratis

Dit **whiskymuseum** wijdt je in in de bijzonderheden van de nationale drank. Je neus moet overuren maken om de verschillende aroma's te onderscheiden.
| *scotchwhiskyexperience.co.uk*

Ⓓ ST GILES' CATHEDRAL
High St. (Parliament Sq.) | stgilescathedral.org.uk | Zo.-ochtend gesl. | Gratis, donatie aanbevolen

Deze kathedraal was het epicentrum van de protestantse Reformatie die predikant John Knox in 1560 mee tot stand bracht. Binnen lokken de indrukwekkende glas-in-loodramen en monumenten gewijd aan Schotse beroemdheden, zoals Robert Louis Stevenson (*Schateiland*). De Thistle Chapel, de kapel van de Orde van de Distel, is een uitgesproken neogotisch architecturaal meesterwerk.

De Grassmarket

EDINBURGH

WAT BEZOEKEN?

ⓔ THE REAL MARY KING'S CLOSE
2 Warriston's Close, High St.

Ondergronds netwerk van straatjes waar al 250 jaar niemand meer woont. De gidsen kennen er massa's bloedige anekdotes over. Er waren spoken rond!
| *Niet gratis* | *Res. verplicht op www.realmarykingsclose.com*

ⓕ GREYFRIARS KIRKYARD
Candlemaker Row | Gratis

Waar ooit een klooster stond, bevindt zich sinds de 16de eeuw een mysterieus maar pittoresk **kerkhof**. De setting voor een heleboel griezel- en spookverhalen.

ⓖ NATIONAL MUSEUM OF SCOTLAND
Chambers St.

Dit museum gewijd aan de Schotse geschiedenis en culturen wereldwijd herbergt het gekloonde schaap Dolly, mummies, schaakstukken uit de 11de eeuw, enz. Ga zeker ook naar het dakterras!
| *www.nms.ac.uk* | *Gratis.*

ⓗ SCOTTISH NATIONAL GALLERY
The Mound | www.nationalgalleries.org | Gratis

Liefhebbers van schilderkunst kunnen hun hart ophalen in dit museum uit 1859, een parel in New Town, het nieuwe Edinburgh. Hier kun je kennismaken met de grote Schotse schilders (Raeburn, Ramsay, McTaggart) en ook enkele Europese meesters bewonderen (Goya, Botticelli, Renoir, Van Gogh).

ⓘ PRINCES STREET

De grote winkelstraat van Edinburgh wordt geflankeerd door **Princes Gardens**, heel aangename tuinen. Ook het treinstation, Waverley Station, bevindt zich vlak bij Princes Street.

ⓙ SCOTT MONUMENT
East Princes St. Gardens
| *Dag. 10.00-12.30 u en 13.45-15.30 u*

Dit neogotische monument eert sir Walter Scott, de door iedereen bewierookte Schotse schrijver en historicus. Klim naar de derde verdieping en geniet van het prachtige uitzicht op de stad.

De tuinen onder Princes Street

Het Dugald Stewart Monument op Calton Hill

DE HOOGTEPUNTEN VAN SCHOTLAND

K SCOTTISH NATIONAL PORTRAIT GALLERY
1 Queen St. | www.nationalgalleries.org | Gratis

Dit museum is aantrekkelijk aan de buitenkant, de gevel bestaat uit roze zandsteen en is met beeldhouwwerk versierd, en herbergt portretten en beelden van mannen en vrouwen die een belangrijke rol hebben gespeeld in de Schotse geschiedenis. De Grand Hall pakt uit met een chronologisch fresco van de Schotse helden. In het uitstekende café lunch je omringd door kunst (Cafe Portrait, blz. 54).

M HOLYROOD PARK
Queen's Drive | Vrij toegankelijk

Dit park is de inwoners van Edinburgh dierbaar. Beklim **Arthur's Seat** (1 uur), een oude vulkaan, of wandel naar de kliffen van Salisbury Crags (30 min.) voor een heerlijk uitzicht.
| www.historicenvironment.scot

N CALTON HILL
Op het einde van Princes Street | Vrij toegankelijk

Deze heuvel biedt een prachtig panorama. Je vindt er ook het National Monument, een kopie van het Parthenon in Athene, maar het is nooit voltooid.

L PALACE OF HOLYROODHOUSE
Horse Wynd Canongate, Royal Mile

Het paleis wordt nog altijd gebruikt als koninklijke residentie. Het werd in 1503 gebouwd in opdracht van koning James IV. De Great Gallery telt een honderdtal portretten, maar het interessantste deel van het paleis zijn ongetwijfeld de woonvertrekken van Mary Stuart. Je ziet er persoonlijke bezittingen van de bekendste koningin van Schotland.
| www.rct.uk/visit/palace-of-holyroodhouse | Sept.-juni do.-ma., juli-aug. dag. | Niet gratis.

EDINBURGH

CAFÉS, LUNCHEN

❶ PEP & FODDER
11 Waterloo Pl.

- Goedkoop lunchmenu: soepen, salades, panini's, enz.
- Eenvoudige maar lekkere broodjes.

| Dag. 7.30-16.00 u
| Gerechten £ 4-9.

❷ THE EDINBURGH LARDER
15 Blackfriars St.

- Het is fijn dat je de salades kunt combineren.
- Je deelt een tafel met anderen.

| Ma.-vr. 7.30-15.00 u, za.-zo. 8.00-15.00 u
| Gerechten £ 5,50-14.

❸ OINK
34 Victoria St.

- Een keten die is opgezet door twee landbouwers, de keuze is beperkt: iedereen krijgt een broodje met gegrild varkensvlees!
- Porties in drie formaten.

| Dag. 11.00-17.00 u (maart-okt. tot 18.00 u) | Broodjes £ 4,5-10,50.

❹ CLARINDA'S TEAROOM
69 Canongate

- Theehuis met ouderwetse charme.
- Eenvoudig en lekker: broodjes, salades, soepen.
- Mooie keuze nagerechten.

| Dag. 9.00-16.30 u (in de winter ma.-za. 10.00-16.30 u, zo. 9.30-16.30 u) | Gerechten £ 8-12.

❺ WANDERLUST CAFÉ & BISTRO
274 Canongate

- Perfect voor een koffiepauze of een lunch.
- Royale porties (pannenkoeken, gepocheerde eieren, taart) en veel locals.

| Dag. 9.00-17.00 u
| Ontbijt (de hele dag lang) £ 11,25; café latte £ 3,50.

❻ CAFE PORTRAIT
National Scottish Portrait Gallery, 1 Queen St

'Ik vind het heerlijk om te lunchen te midden van kunstwerken. Ze hebben alijd verschillende salades en dagschotels, en dan zwijg ik nog over het gebak!'

| Dag. 10.00-16.30 u
| Gerechten £ 6-10.

❼ THE LOOKOUT
City Observatory

- Vanaf de heuvel Calton Hill heb je een schitterend uitzicht op de stad.
- Ook een bistro met salades, risotto, pastagerechten, enz.

| Di.-zo. 10.00-23.30 u, ma. 17.00-23.30 u | Viergangenmenu £ 65.

Arthur's Seat, Holyrood Park

EDINBURGH

UIT ETEN

⑧ MUMS GREAT COMFORT FOOD
4a Forrest Road

- Traditionele Schotse gerechten, een eenvoudig interieur en rockmuziek.
- Enorme keuze worsten en puree.

| *Ma.-za. 9.00-22.00 u, zo. 10.00-22.00 u* | *Gerechten £ 12-15, 2 worsten + puree £ 12.*

⑨ MAISON BLEUE
36-38 Victoria St.

- Fusionkeuken: Schots, Frans en elementen uit het Midden-Oosten en Azië.
- Heel mooi interieur.

| *Zo.-do. 12.00-15.00 u en 17.00-22.00 u, vr.-za. 12.00-22.00 u* | *Gerechten £ 20-31,50; menu's £ 18-33.*

⑩ NOTO
47a Thistle St.

- Fusionkeuken: Japans, Schots en New York.
- Gerechten om te delen, de soep van krab in een krabbenpantser is hemels.

| *Dag. 12.00-14.30 u en 17.30-21.00 u* | *Gerechten £ 9-22.*

Een terras in Rose Street

⑪ MUSSEL INN
61-65 Rose St.

'Ongetwijfeld de beste prijs-kwaliteitverhouding voor zeevruchten. Ik kom hier voor de ongedwongen sfeer en het terras!'

| *Dag. 12.00-14.00 u en 17.00-21.00 u* | *Mosselen vanaf £ 13,50/kg.*

⑫ AMBER RESTAURANT
Scotch Whisky Exp., 354 Castlehill

- Moderne Schotse keuken.
- Veel gerechten worden met whisky bereid.

| *Zo.-do. 12.00-19.30 u, vr.-za. 12.00-20.30 u* | *Gerechten £ 16-26.*

⑬ THE QUEENS ARMS
49 Frederick St.

- Voor een traditionele *Sunday roast* (gebraden vlees met groenten en saus).
- Prima gerechten met lokale producten!

| *Zo.-do. 12.00-1.00 u (vr.-za. tot 2.00 u)* | *Gerechten £ 11-23, sunday roast voor 2 pers. (zo.) £ 45.*

EDINBURGH

BARS EN PUBS

⓮ THE DEVIL'S ADVOCATE
9 Advocate's Close

- Deze bar verstopt zich in een *close* en biedt een ruime selectie Schotse bieren en whisky's.
- Verwarmd terras.

| Dag. 12.00-1.00 u
| Cocktails vanaf £ 8,50.

⓯ THE JOLLY JUDGE
7 James Court

- Gezellige pub waar de tijd is blijven stilstaan: geschilderde plafonds, een knetterend haardvuur, enz.
- Mooie keuze whisky's.

| Dag. 12.00-24.00 u (zo. en di.-wo. tot 23.00 u) | Pub quiz op ma., om 20.30 u | Pint £ 4-6.

⓰ LILITH'S LOUNGE AT HOUSE OF GODS
233 Cowgate

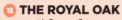

'De jongste hippe cocktailbar. Ik ben dol op het interieur in de stijl van de Orient Express en het decadente menu. In Cowgate, *the place to be*.'

| Dag. 15.00-1.00 u
| Cocktails £ 8-12,50.

⓱ WHISTLE BINKIES
4-6 South Bridge

- Grote pub, altijd druk dankzij het podium waarop altijd iets gebeurt.
- Check de concertlijst op de website.

| https://whistlebinkies.com
| Dag. 17.00-3.00 u
| Gratis concerten.

⓲ THE ROYAL OAK
1 Infirmary St.

Kleine pub met houten banken. Hier luister je naar lokale muzikanten. Een sfeer van vrienden onder elkaar. In de kelder huist een folkclub.

| Dag. 12.00-3.00 u (za. vanaf 11.30 u); kelder do.-za. 21.30-4.00 u
| Pint £ 4-5.

De Old Town *by night*

EDINBURGH

SHOPPEN

⑲ MUSEUM CONTEXT
40 Victoria St. en 42-44 Cockburn St.

- Interieurwinkel gespecialiseerd in de wereld van *Harry Potter*.
- Mooie wenteltrap en mooie etalage in Victoria St.

| Ma.-wo. 10.00-19.00 u, do.-za. 10.00-20.00 u, zo. 10.00-18.00 u.

Mooie etalages in Victoria Street

⑳ ARMSTRONGS VINTAGE
81-83 Grassmarket

'De grot van Ali Baba, maar dan met tweedehands kilts en tweed jasjes. Je zult er vast en zeker iets moois vinden!'

| Ma.-do. 10.00-17.30 u, vr.-zo. 10.00-18.00 u (zo. vanaf 12.00 u).

㉑ CADENHEAD'S WHISKY SHOP
172 Canongate

- Een authentieke collectie Schotse whisky's, in eiken vaten, en dat levert unieke, natuurlijke smaken.
- Een instituut, sinds 1842.

| Ma.-za. 10.30-17.30 u.

㉒ SWISH
50 Cockburn St.

- T-shirts met trendy en humoristische opdruk (die je ook kunt personaliseren).
- Originele accessoires.

| Dag. 9.30-20.00 u (in de winter 10.00-18.00 u) | Ook een winkel op 41-44 Victoria St. | T-shirts £ 25.

㉓ TREASURE TROVE
23A Castle St.

- Accessoires, cadeautjes en interieurspullen, alles is lokaal en handgemaakt.
- Gerund door een liefdadigheidsvereniging.

| Ma.-za. 9.30-17.00 u
| treasuretrove-edinburgh.com

㉔ RAGAMUFFIN
278 Canongate

- Beroemd vanwege zijn Schotse truien: klassiek, trendy, traditioneel, modern, er zijn truien voor elke smaak en elk budget.

| Ma.-za. 10.00-18.00 u, zo. 12.00-17.00 u | Truien £ 90-250.

㉕ THE FUDGE HOUSE
197 Canongate

- Snoepgoed gemaakt van suiker, melk en boter, lijkt op karamel. Leuk als cadeau!
- Proef gratis van de vele smaken.

| Ma.-za. 10.00-17.30 u (in de winter tot 17.00 u) | £ 2,10/100 g of £ 20/doos van 10.

DAGEXCURSIE VANUIT EDINBURGH

PENTLAND HILLS
EEN NATUURRESERVAAT VLAK BIJ DE HOOFDSTAD

- De ruim 30 km lange reeks heuvels met een maximale hoogte van 580 m vormt een regionaal park met 100 km bewegwijzerde paden.
- Een kaart van het park, met daarop ook de fietsroutes en de wandelpaden, vind je op www.pentlandhills.org
- Makkelijk bereikbaar vanuit Edinburgh: ca. 10 km/30 min. met de auto. Het meest aangewezen vervoermiddel is de bus (40-50 min.): bus 4 (halte Hillend), 10 (halte Torphin), 16 (halte Colinton), 27 (halte Hunter's Tryst), 101 en 102 (haltes Boghall en Flotterstone).
- Bezoekerscentra: Harlaw House in Balerno (dag.) en het Pentland Hills Café in Flotterstone (do.-ma.). Fietsen moet je in Edinburgh huren.

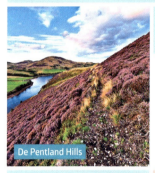
De Pentland Hills

A SWANSTON FARM
Buitenactiviteiten niet gratis | www.swanston.co.uk

In het noorden van de Pentland Hills. Swanston Farm biedt allerlei activiteiten aan: meerdaagse ruitertochten in de zomer, wandelingen, fietstochten (mountainbike), enz.

B THE CAPITAL VIEW
Wandelpad

Tijdens de 4,8 km lange lus (2 uur) geniet je van mooie panorama's op Edinburgh en de rivier de Forth. Het pad start aan Hillend Country Park, de eindhalte van bus 4.

C THE TORDUFF WATER WALK
Wandelpad

De 3,2 km lange lus loopt door Sanctuary Wood en langs een bekken uit de victoriaanse tijd. Het pad start bij de eindhalte van bus 10, dicht bij het scoutsterrein.

1 THE STEADING
Biggar Road, Edinburgh

- Eenvoudige pub aan de weg.
- Mooie keuze grillgerechten en hamburgers.
| *Dag. 10.00-22.00 u*
| *Gerechten £ 10-24.*

2 THE FLOTTERSTONE INN
Biggar Road, Howgate

In deze traditionele pub bestel je *Highlander Chicken*, kip gevuld met haggis, of een klassieke *pie*.
| *Keuken dag. 12.00-20.00 u*
| *Gerechten £ 10-15, Highlander Chicken £ 15.*

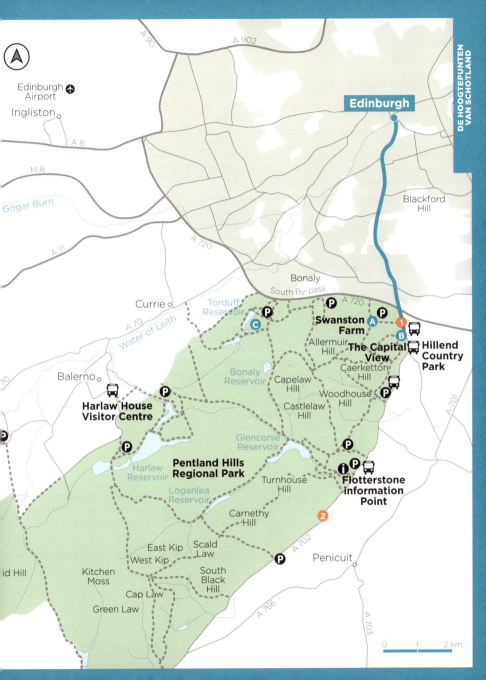

EDINBURGH GLASGOW LOCH LOMOND OBAN EN DE EILANDEN FORT WILLIAM ISLE OF SKYE INVERNESS EN LOCH NESS PITLOCHRY EDINBUR

ROUTE EDINBURGH - GLASGOW

- Met de auto: 76 km (ca. 1 uur en 15 min.), zonder tussenstops.
- Met de trein: 55 min.
- Met de bus: ca. 1 uur en 15 min.

A LINLITHGOW PALACE
Het paleis is voor onbepaalde tijd gesloten, maar het park is dag. toegankelijk | Park gratis

Dit 15de-eeuwse paleis was de koninklijke residentie van de beroemde familie Stuart, tot in de 18de eeuw een brand het paleis verwoestte. Nu is het een indrukwekkende ruïne (die je vanuit de trein kunt zien). Het park eromheen is prachtig en verdient het dat je er wat tijd doorbrengt.

1 TASTE CAFÉ
47 High St., Linlithgow

- Klein café in de bakkerij die vroeger het paleis van brood voorzag.
- Verse en lokale producten.
- Lekker ontbijt op zo.

| Dag. 9.00-17.00 u (zo. tot 17.30 u).

B THE KELPIES
The Helix, aan de M9 | Gratis (rondleiding niet gratis)

De enorme paardenhoofden zijn een creatie van Andy Scott. Ze verwijzen naar de paarden die boten sleepten en naar de legendes over de watergeesten die de vorm van een paard aannemen.

C FALKIRK WHEEL
Lime Road, Tamfourhill, Falkirk

Dit 'wiel' is een technisch hoogstandje. Het werd in 2002 in gebruik genomen, nadat de 15.000 bouten waren vastgedraaid! Het is een scheepslift die het Forth & Clyde Canal en het Union Canal met elkaar verbindt. Er is een degelijk bezoekerscentrum en wie dat wil, kan zelfs een boottocht maken om de lift te testen (35 of 60 min.).

| Toegang tot de oever gratis
| Boottocht niet gratis.

Het Falkirk Wheel

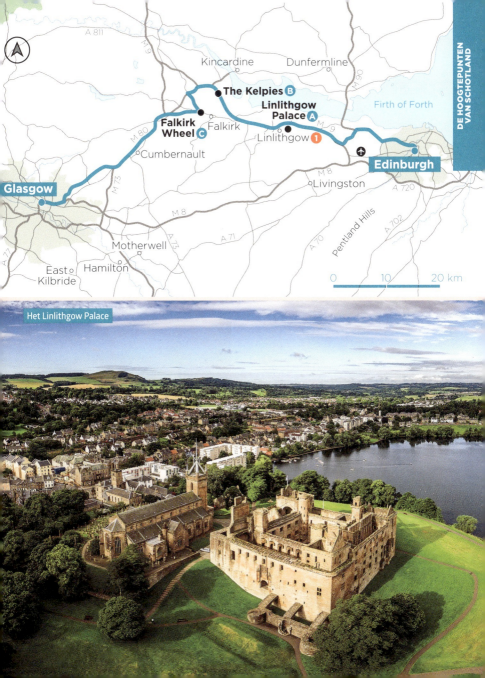

Het Linlithgow Palace

GLASGOW

VANAF DE LUCHTHAVEN NAAR HET CENTRUM

Met de bus: neem de Glasgow Express 500. Overdag rijdt hij om de 10 min., 's nachts is er 1 per uur, een rit van 20-25 min., £ 8,50 voor een enkeltje als je je kaartje in de bus koopt, een retourtje kost £ 14.
Met de taxi: reken op £ 20 tot 25 voor de rit naar het centrum (ca. 25 min.).

NUTTIG ADRES

VisitScotland iCentre:
156 Buchanan Street. Dag.
www.visitscotland.com/nl-nl
https://peoplemakeglasgow.com

VERVOER IN GLASGOW

Te voet: het centrum van Glasgow kun je makkelijk te voet verkennen. Je wandelt in 25 min. van The Lighthouse naar het People's Palace.
Met de bus: First Bus (www.firstgroup.com) is de busmaatschappij in het centrum. Dagticket: £ 5.
First Bus App: een app om makkelijk kaartjes te kopen.
Met de metro: één enkele lijn die een cirkel vormt (bijnaam van de metro: Clockwork Orange).
Ma.-za. 6.00-23.30 u, zo. 10.00-18.00 u.
Een los kaartje: £ 1,75; *all day pass*: £ 4,20.
Met de auto: parkeren is erg duur, je kunt beter het openbaar vervoer gebruiken.

De Glasgow University

WAT BEZOEKEN?

- We hebben Glasgow opgesplitst in twee delen, het **centrum** en **West End**. In één dag krijg je een goed beeld van de stad, maar het is aangenamer om twee dagen uit te trekken voor je bezoek aan Glasgow.
- Het is heel sterk aanbevolen om je overnachtingsaccommodatie te reserveren.

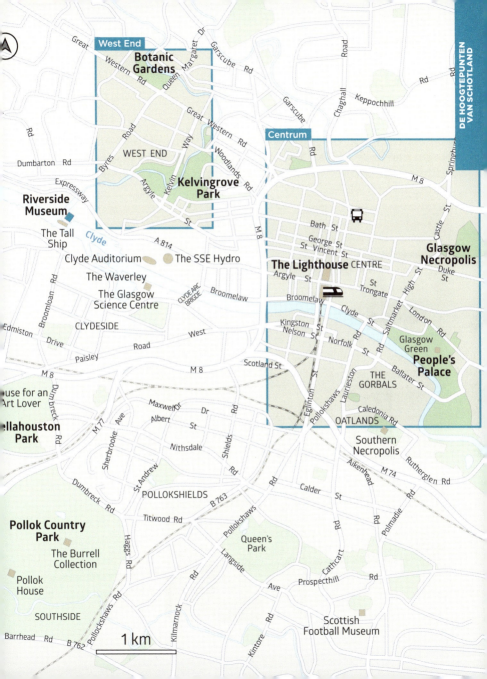

GLASGOW
CENTRUM

Het centrum van Glasgow is een puzzel van architecturale parels. Neem een kaart, ga op zoek naar de belangrijkste historische en culturele gebouwen en slenter door de autovrije straten met hun cafés, bars en winkels.

WAT BEZOEKEN?

- Ⓐ The Lighthouse
- Ⓑ Buchanan Street
- Ⓒ Gallery of Modern Art
- Ⓓ Merchant City
- Ⓔ People's Palace
- Ⓕ St Mungo's Cathedral
- Ⓖ Glasgow Necropolis
- Ⓗ St Mungo Museum of Religious Life and Art
- Ⓘ Sauchiehall Street

LUNCHEN

1. Platform
2. The Butterfly and the Pig
3. The Willow Tea Rooms
4. Rose & Grant's Deli Cafe
5. Temaki
6. Brewdog Merchant City

UIT ETEN

7. The 13th Note
8. Paesano Pizza
9. The Spanish Butcher
10. Gōst
11. Gamba
12. Halloumi
13. Mono

BARS, PUBS, UITGAAN

14. The Horseshoe Bar
15. The Pot Still
16. Sloans
17. King Tut's Wah Wah Hut
18. The Spiritualist
19. Waxy O'Connor's
20. The Corinthian Club

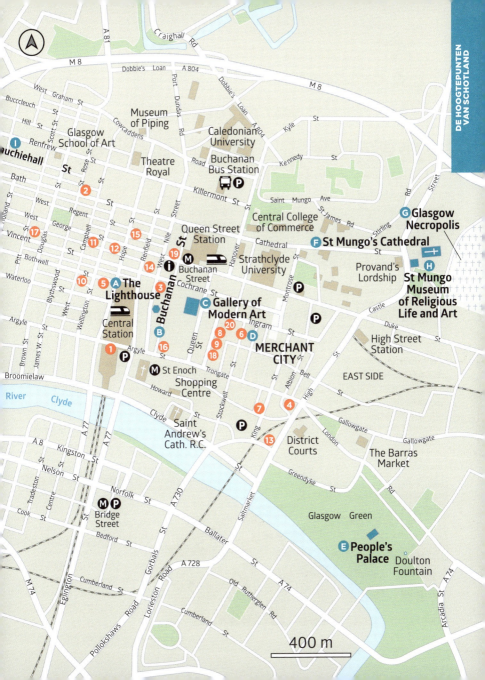

GLASGOW CENTRUM WAT BEZOEKEN?

Ⓐ THE LIGHTHOUSE
11 Mitchell Lane
| *Tot nader order gesloten*

Charles Rennie Mackintosh ontwierp The Lighthouse. Het huisvestte de krant *The Herald*, maar is nu een **cultureel centrum gewijd aan architectuur**. Mooi uitzicht vanaf de 6de etage.
| *www.thelighthouse.co.uk*

Ⓑ BUCHANAN STREET

In de grote, verkeersvrije winkelstraat vind je alle grote merken en winkelketens. Je krijgt er een idee van de creativiteit van de Glaswegians, want in deze drukke straat geven tientallen straatartiesten het beste van zichzelf.

Ⓒ GALLERY OF MODERN ART
Royal Exchange Square | Gratis

Het Museum voor Moderne Kunst van Glasgow huist in een 18de-eeuws koopmanshuis. De collecties veranderen regelmatig en stralen frisheid uit. Let voor het museum op het standbeeld van de hertog van Wellington, beroemd vanwege de verkeerskegel op zijn hoofd! Wat begon als grap van enkele vrienden met een glas te veel op, is uitgegroeid tot een echte traditie die de Glaswegians probleemloos in ere houden.

Ⓓ MERCHANT CITY

Deze **wijk** werd in de 18de eeuw een uitgaanswijk dankzij de handel met de Nieuwe Wereld. De weelderige architectuur getuigt van die vette jaren.

Ⓔ PEOPLE'S PALACE
Glasgow Green, Templeton St.
| *Gratis*

Dit museum, ingehuldigd in 1898, is gewijd aan de inwoners van Glasgow en hun geschiedenis. Het biedt een originele kijk op de sociale geschiedenis van de 'rode stad' van Schotland.

De Gallery of Modern Art

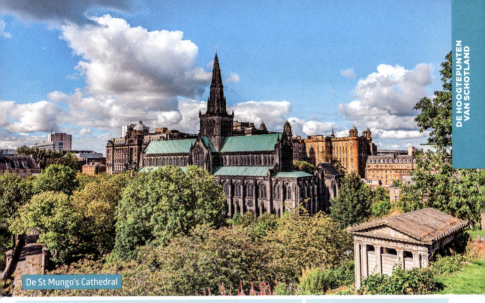

De St Mungo's Cathedral

F ST MUNGO'S CATHEDRAL
Castle St. | Zo.-ochtend gesl. | Gratis | Audiogids niet gratis

St Mungo's Cathedral heeft een van de mooiste verzamelingen glas-in-loodramen van het Verenigd Koninkrijk. De oorzaak? Het is een van de twee katholieke kerken die in de 16de eeuw niet zijn verwoest door de protestantse hervormers, die vooral in Schotland lelijk tekeergegaan zijn. In de crypte staat de graftombe van de heilige Mungo, de stichter van de stad.
| www.glasgowcathedral.org.uk

G GLASGOW NECROPOLIS
Castle St. | Gratis

Een heuvel die boven de stad uitsteekt, doet dienst als **begraafplaats**. Duizenden enorme grafmonumenten creëren een mystieke sfeer. Een bijzondere ervaring!
| www.glasgownecropolis.org

H ST MUNGO MUSEUM OF RELIGIOUS LIFE AND ART
2 Castle St. | Ma. gesl. | Gratis

Dit museum over religie en religieuze kunst stelt heilige voorwerpen uit verschillende godsdiensten tentoon en geeft je de gelegenheid om stil te staan bij de plaats die geloof in het dagelijkse leven inneemt, en dat voor alle mogelijke strekkingen en religies.

I SAUCHIEHALL STREET

Een van de belangrijkste straten in het centrum en dankzij de Glasgow School of Art ook de meest studentikoze. Heel veel bars, clubs, concertzalen en moderne musea.

GLASGOW CENTRUM LUNCHEN

Platform

① PLATFORM
Argyle St. Arches

'Vroeger een nachtclub, nu een tempel voor street food. De beste restaurants hebben er een stand. Check welke events er op de kalender staan.'
| Vr.-za. 12.00-24.00 u.

② THE BUTTERFLY AND THE PIG
152-153 Bath St.

• Een adres met humor. Als je de menukaart leest, schater je het uit!
• Alles wordt ter plaatse gemaakt, ook het brood.
| Zo.-do. 12.00-24.00 u, vr.-za. 12.00-2.00 u (keuken tot 22.00 u)
| Afternoon tea £ 17.

③ THE WILLOW TEA ROOMS
97 Buchanan St.

• Klassieke kleine gerechten, een gevarieerde afternoontea en gebak.
• Charles Rennie Mackintosh ontwierp het interieur.
| Ma.-za. 9.00-18.30 u, zo. 10.00-17.00 u | Gerechten £ 7-13,50, afternoontea £ 15,50.

④ ROSE & GRANT'S DELI CAFE
27, Trongate

• Perfect voor een ontbijt of een lunch.
• Wij zijn dol op de warme chocolademelk en de kleurrijke salades.
| Dag. 8.00-17.00 u (za. vanaf 9.00 u, zo. vanaf 10.00 u)
| Ontbijt £ 6£, salades vanaf £ 6.

⑤ TEMAKI
113 Hope St.

• Japans restaurant, beroemd om zijn 'sushi burrito's' om mee te nemen.
• Vriendelijke en snelle bediening.
| Zo.-do. 12.00-22.00 u, vr.-za. 12.00-23.00 u | Sushi burrito £ 11-12, bento box £ 12.

⑥ BREWDOG MERCHANT CITY
99 Hutcheson St.

• Restaurant-bar van BrewDog, een van de Schotse brouwerijen die de wind in de zeilen heeft.
• Ga voor de originele hamburgers of het gerookte vlees!
| Dag. 11.00-24.00 u (za.-zo. vanaf 10.00 u) | Hamburgers £ 13-14.

GLASGOW CENTRUM UIT ETEN

❼ THE 13TH NOTE
50-60 King St.

- Internationale kaart: dahl, *halloumi*, hamburgers, enz.
- 's Avonds concerten en shows, tentoonstellingsruimte voor lokale artiesten.

| Ma.-wo. 12.00-23.00 u, do.-zo. 12.00-24.00 u (keuken tot 21.00 u) | Salades £ 8,50, broodjes £ 7,50.

❽ PAESANO PIZZA
94 Miller St.

- De Glaswegians zeggen dat je hier moet zijn voor 'de beste pizza ter wereld'.
- Je moet vaak even wachten voor je een tafeltje krijgt.

| Ma.-do. 12.00-22.30 u, vr.-zo. 12.00-23.00 u | Pizza's £ 6-11.

❾ THE SPANISH BUTCHER
80 Miller St.

- Erg stijlvol restaurant.
- Spaanse specialiteiten, mooie keuze vleesgerechten.

| Dag. 12.00-23.00 u (za.-zo. tot 24.00 u) | Gerechten £ 20-23.

❿ GŌST
77 Bothwell St.

- Restaurant met vintage interieur, gespecialiseerd in vlees, met name *Angus beef*.
- Verrassende cocktails.

| Dag. 12.00-24.00 u (vr.-za. tot 1.00 u) | Fillet £ 39/200 g, Prime ribs £ 14/100 g.

Buchanan Street

⓫ GAMBA
225 George St.

- Het adres in Glasgow voor lekkers uit de zee.
- Fantasierijke, smaakvolle keuken, werkt enkel met lokale producten.

| Wo.-za. 12.00-14.00 u en 16.00-21.00 u | Gerechten £ 20-35, vissoep £ 11,50.

⓬ HALLOUMI
161 Hope St.

- 'Griekse specialiteiten in de vorm van tapas: kleine porties die je met elkaar deelt. Ze hebben een menu dat vegan en glutenvrij is.'

| Zo.-do. 12.00-22.00 u, vr.-za. 12.00-22.30 u | Tapas £ 5-10.

⓭ MONO
12 Kings Court

- Alles is vegan.
- Gerechten om te delen: pizza's, pita's met salade. Alles is vers en overheerlijk!

| Zo.-do. 11.00-22.00 u, vr.-za. 11.00-24.00 u | Res. aanbevolen | Voorgerechten £ 4-6, gerechten £ 8-11.

GLASGOW CENTRUM BARS, PUBS, UITGAAN

⓴ THE HORSESHOE BAR
17-19 Drury St.

- Beroemd om zijn karaoke-avonden!
- Klassieke kaart, veel sfeer wanneer er sportwedstrijden worden uitgezonden.
| Dag. 11.00-24.00 u.

The Horseshoe Bar

⓯ THE POT STILL
154 Hope St.

- 700 whisky's, nu nog jouw favoriet ontdekken!
- Een instituut in Glasgow, reken er niet op dat je een zitplaats vindt.
| Dag. 11.00-24.00 u
| Whisky's vanaf £ 2,50.

⓰ SLOANS
108 Argyle St.

- Bar die bekend is vanwege zijn fijne *beer garden*.
- *Ceilidh* (traditionele Schotse dansen) op vrijdagavond.
| Zo.-do. 12.00-24.00 u, vr.-za. 14.00-1.00 u | Hamburgers £ 9-12.

⓱ KING TUT'S WAH WAH HUT
272 St Vincent St.

'In deze kleine concertzaal hebben al heel wat grote rocksterren opgetreden (Radiohead, Oasis, enz.). Dit is je kans om nieuw talent te ontdekken!'
| Openingstijden en prijzen variëren: www.kingtuts.co.uk

⓲ THE SPIRITUALIST
62 Miller St.

- Erg stijlvolle cocktailbar.
- Vergaap je aan de glazen drankenkast met daarin meer dan 300 flessen.
| Wo.-do. 16.00-23.00 u, vr.-za. 12.00-24.00 u, zo. 12.00-23.00 u
| Cocktails £ 8,50-12.

⓳ WAXY O'CONNOR'S
44 West George St.

- Een doolhof (zes bars, verschillende zalen) waar altijd iets te beleven valt als je in groep komt.
- Uitgelaten sfeer.
| Dag. 12.00-23.00 u (vr.-za. tot 24.00 u) | Pint £ 4-5.

⓴ THE CORINTHIAN CLUB
191 Ingram St.

- Bijzonder stijlvolle bar in een oud bankgebouw.
- Prachtige koepel, duizend glinsterende lichtjes en comfortabele banken.
- Heerlijk *rooftop terrace*.
| Wo.-do. 12.00-21.00 u, vr.-za. 12.00-3.00 u, zo. 12.00-18.00 u.

St George's Tron in Buchanan Street

DE HOOGTEPUNTEN VAN SCHOTLAND

GLASGOW
WEST END

De studenten hebben de oude, chique wijken van Glasgow veroverd. Bezoek het Kelvingrove Museum, wandel langs de universiteit en hang rond in de botanische tuin, zoals een echte Glaswegian!

WAT BEZOEKEN?

- **A** Kelvingrove Art Gallery and Museum
- **B** Kelvingrove Park
- **C** Ashton Lane
- **D** Botanic Gardens en Kibble Palace
- **E** University of Glasgow
- **F** Riverside Museum

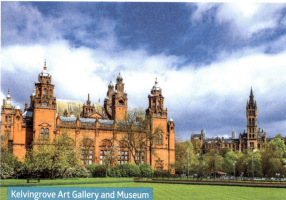
Kelvingrove Art Gallery and Museum

CAFÉS, LUNCHEN

1. Inn Deep
2. Papercup
3. An Clachan
4. The 78
5. Kember & Jones

UIT ETEN

6. Mother India
7. The Bothy
8. Bar Brett
9. Ubiquitous Chip
10. Hanoi Bike Shop
11. The Gannet

BARS, PUBS, UITGAAN

12. The Ben Nevis
13. Òran Mór
14. Brel
15. The Belle
16. Curlers Rest
17. Vodka Wodka
18. Hillhead Bookclub
19. The Sparkle Horse

GLASGOW WEST END
WAT BEZOEKEN?

Kelvingrove Museum

Ⓐ KELVINGROVE ART GALLERY AND MUSEUM
Argyle St. | Gratis, behalve tijdelijke tentoonstellingen

Iedereen in Glasgow kent dit museum. Het bestaat sinds 1901 en je vindt er de meest uiteenlopende onderwerpen: er zijn zalen gewijd aan natuurwetenschappen, aan schilderkunst, aan de Schotse fauna en flora, aan architectuur, enz. Het organiseert ook regelmatig tijdelijke tentoonstellingen (niet gratis). Elke dag wordt er om 13.00 u (op zondag om 15.00 u) een orgelrecital gegeven.

Ⓑ KELVINGROVE PARK
6 Professors' Square | Gratis

Kelvingrove Park werd in 1852 ingehuldigd en is het hart van West End. Wandel van de universiteit van Glasgow naar het Kelvingrove Museum en verken zo het park.

Ⓒ ASHTON LANE

Een verrassend, verkeersvrij straatje, erg bruisend tijdens het weekend. De bakstenen huizen geven je het gevoel dat je door een gezellig dorpje wandelt.

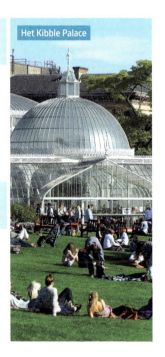
Het Kibble Palace

Ⓓ BOTANIC GARDENS EN KIBBLE PALACE
730 Great Western Road | www.glasgowbotanicgardens.com | Gratis

De botanische tuin van Glasgow telt twaalf kassen met meer dan 12.000 planten. Bij de ingang van het park staat Kibble Palace, een paleisachtige glazen constructie met een stukje tropisch regenwoud en mooie beelden.

De University of Glasgow

E UNIVERSITY OF GLASGOW
University Avenue | Vrij toegankelijk | Voor een rondleiding moet je reserveren: www.gla.ac.uk

De universiteit van Glasgow werd in 1451 opgericht en bevond zich in de buurt van de kathedraal, maar in 1870 verhuisde ze naar het westen van de stad. Bewonder de neogotische buitenkant voor je naar binnen gaat. Het is geen toeval als je daar aan Zweinstein denkt, de school van Harry Potter. Ook enkele scènes van de successerie *Outlander* zijn hier gefilmd.

F RIVERSIDE MUSEUM
Pointhouse Pl. | Gratis

In een sterk opkomende wijk staat dit moderne museum gewijd aan de geschiedenis van het vervoer in Glasgow. Treinen, trams, bussen, fietsen, auto's, boten: je vindt ze hier allemaal!

TWEE PARKEN IN DE WIJKEN IN HET ZUIDWESTEN: BELLAHOUSTON PARK EN POLLOK COUNTRY PARK
South Side | Gratis | Zie plattegrond blz. 63

Bellahouston Park barst in de lente van de bloemen en verrast met intrigerende kunstwerken. In het midden prijkt The House for an Art Lover, een architecturale parel ontworpen door Charles Rennie Mackintosh en Margaret MacDonald. **Pollok Country Park** heeft mooie tuinen, een molen en zelfs enkele Schotse hooglanders. Je kunt er ook Pollok House bezoeken, het landhuis van de familie Maxwell (18de eeuw) herbergt een schitterende kunstcollectie.
| *Bellahouston Park*: met bus 9, 9A of 10 vanaf West George St. (richting Paisley), halte in Helen St. (20 min.)
| *The House for an Art Lover*: dag., niet gratis | *Pollok Country Park*: met bus 57 vanaf St Vincent St. (richting Pollok), halte in Christian St. (30 min.) | *Pollok House*: dag., niet gratis.

GLASGOW
WEST END   CAFÉS, LUNCHEN

Het Kelvingrove Park

❶ INN DEEP
445 Great Western Road

- Traditionele pubgerechten: *fish & chips*, hamburgers, enz.
- Kelderpub met terras dat uitziet op de rivier de Kelvin.

| Ma.-za. 12.00-24.00 u, zo. 12.00-23.00 u | Gerechten £ 4-9, snacks vanaf £ 3.

❷ PAPERCUP
603 Great Western Road

- Uitstekend hipstercafé dat een fantastische brunch serveert.
- De koffie wordt ter plaatse gebrand.

| Dag. 9.00-17.00 u, alle dagen brunch
| Broodjes en gerechten £ 4-10.

❸ AN CLACHAN
Kelvingrove St.

'Dit schattige café ligt midden in Kelvingrove Park. Heerlijk eenvoudig en massa's lekkers dat met veel toewijding wordt gemaakt.'

| Di.-zo. 10.00-16.00 u
| Quiches en salades £ 6,75.

❹ THE 78
10 Kelvinhaugh St.

- Volledig vegan menu, verse ingrediënten en een open keuken.
- In het weekend kun je hier uitstekend ontbijten.

| Dag. 12.00-21.00 u
| Soepen £ 5, hamburgers £ 11.

❺ KEMBER & JONES
134 Byres Road

- Moderne bakkerij annex café.
- Bagels, broodjes, taarten, lekkere salades.

| Di.-zo. 9.00-17.00 u
| Dagsoep £ 7, salades £ 13.

GLASGOW WEST END UIT ETEN

⑥ MOTHER INDIA
28 Westminster Terrace

- Een van de favoriete Indiase restaurants van de Glaswegians!
- Opende al in 1900 de deuren!

| Ma.-do. 17.00-21.45 u, vr.-zo. 13.00-22.00 u | Gerechten £ 10-16.

⑦ THE BOTHY
11 Ruthven Lane

- Rijke smaken, traditionele gerechten, gepimpt om extra aroma's vrij te maken.
- Verborgen in een 19de-eeuws pand.

| Ma.-do. en zo. 12.00-23.00 u, vr.-za. 12.00-24.00 u
| Driegangenmenu £ 21.

⑧ BAR BRETT
321 Great Western Rd

- Gespecialiseerd in uitzonderlijke natuurwijnen.
- Schotse gerechten om te delen, ook *food & wine pairings*.
- Erg druk rond aperitieftijd.

| Di.-vr. 17.00-23.00 u, za. 13.00-23.00 u | Gerechten £ 8-25.

⑨ UBIQUITOUS CHIP
12 Ashton Lane

- Een restaurant en een goedkopere brasserie.
- Gastronomische gerechten met een lokale toets.

| Wo.-do. 17.00-24.00 u, vr.-zo. 12.00-24.00 u (bar dag. 12.00-24.00 u) | Gerechten £ 15-20 (brasserie), £ 20-30 (restaurant).

Hanoi Bike Shop

⑩ HANOI BIKE SHOP
8 Ruthven Lane

- Een Vietnamees restaurant, eenvoudig en goed, en met vegan gerechten.
- Bestel verschillende kleine gerechten en deel ze.

| Dag. 12.00-21.00 u
| Pho £ 12-14, street food £ 7-15, gerechten £ 14-17.

⑪ THE GANNET
1155 Argyle St.

'In The Gannet dineren is zoals op reis gaan: de gerechten zijn verfijnd en smaakvol, en via het menu leer je op één avond heel Schotland kennen. De keuken is echt top! De menu's (vier of zes gangen) veranderen en volgen de seizoenen.'

| Wo.-do. 18.00-21.30 u, vr.-za. 12.00-14.00 u en 17.30-21.30 u, zo. 12.30-14.30 u en 17.30-21.00 u
| 4-gangenmenu £ 35, 6-gangenmenu £ 85 | Een vegetarische variant is mogelijk.

GLASGOW WEST END
BARS, PUBS, UITGAAN

⑫ THE BEN NEVIS
1147 Argyle St.

- Deze gezellige pub neemt je mee naar de Highlands.
- Livemuziek op woensdag, donderdag en zondag.
- Indrukwekkende collectie whiskyflessen.

| Dag. 12.00-24.00 u (zo. vanaf 12.30 u).

⑬ ÒRAN MÓR
Byres Road

'Deze kerk is omgeturnd in een bar, restaurant en nachtclub en is een instituut! Er is altijd wel een concert of een event. Hier beleef je een heerlijke avond!'

| Ma.-wo. 11.00-2.00 u, do.-zo. 11.00-3.00 u | Nachtclub £ 6-8.

⑭ BREL
37 Ashton Lane

- Voor wie van Belgisch bier houdt.
- Je kunt een plaats reserveren bij het houtvuur buiten. En marshmallows grillen!

| Dag. 12.00-23.00 u (vr.-za. tot 1.00 u).

⑮ THE BELLE
617 Great Western Road

- De sfeer van een pub op het platteland, met open haarden en jachttrofeeën.

| Dag. 12.00-24.00 u
| Pint £ 4,50-6.

⑯ CURLERS REST
256 Byres Road

- Gezellige, comfortabele pub in een herberg die al sinds de 17de eeuw bestaat.
- 'Quiz Night' op di.-avond.

| Ma.-za. 12.00-24.00 u, zo. 12.00-23.00 u.

⑰ VODKA WODKA
31 Ashton Lane

- Op de kaart staan meer dan 70 vodka's en rums.
- Een van de eerste bars in Glasgow die zich in cocktails gespecialiseerd heeft.
- Overdekte *beer garden*.

| Dag. 12.00-24.00 u.

⑱ HILLHEAD BOOKCLUB
17 Vinicombe St.

- Een bruisende plek waar het nooit stil is en waar je kunt eten en dansen.
- Je kunt er op vintage arcadekasten spelen.

| Ma.-vr. 11.00-24.00 u, za.-zo. 10.00-24.00 u.

Een bar in Ashton Lane

⑲ THE SPARKLE HORSE
16 Dowanhill St.

- Vintage ingerichte bar, populair vanwege de sfeer en de muziek.
- Uitgebreide wijnkaart. Het lokale bier St Mungo is een aanrader.

| Wo.-za. 12.00-24.00 u, zo.-di. 12.00-23.00 u.

De prachtige geplaveide straat van Ashton Lane met veel restaurants en bars

DAGEXCURSIE VANUIT GLASGOW
ISLE OF BUTE
EEN OASE VAN RUST

- Reis eerst naar Wemyss Bay: 52 km vanaf Glasgow (50 min. met de auto). Vanuit Glasgow kun je ook met de trein naar de veerhaven reizen.
- Neem in Wemyss Bay de veerpont van Caledonian MacBrayne (www.calmac.co.uk) naar Rothesay: een overtocht van 35 min. Prijs: £ 3,45 voor een voetganger, £ 12,45 voor een voertuig.
- Op het eiland Bute verplaats je je het best met de bussen van West Coast Motors: www.westcoastmotors.co.uk
- Toeristenbureau (Isle of Bute Discovery Centre): Victoria Street, Rothesay. Gratis toegang.

Ⓐ ROTHESAY
Kasteel: Castlehill St. | April-sept. dag.; okt.-maart za.-wo. | Niet gratis

MUSICKER
11 High St., Rothesay

De veerboot komt aan in Rothesay en dat is een goed vertrekpunt om het eiland te verkennen. Ga in de haven zeker langs in de toiletten. Ze dateren uit de victoriaanse tijd, alles is origineel en alles werkt! Het vervallen **kasteel** heeft een ongewoon (cirkelvormig) grondplan. Het was ooit eigendom van de Stuarts. Nu draagt de Britse troonopvolger de titel hertog van Rothesay.

- Dit kleine café is ook een muziekwinkel en een boekhandel. Perfect om te lunchen, omringd door gitaren en jukeboxen.
| Ma.-za. 10.00-16.00 u
| Broodjes £ 4-6.

MOUNT STUART
6 km vanuit Rothesay, via de A844
| *April-okt. 12.00-15.00 u | Niet gratis*

SCALPSIE BAY BEACH

ST BLANE'S CHURCH
Gratis

Het landgoed van de markies van Bute werd op het einde van de 19de eeuw heropgebouwd en was in die tijd hypermodern (electriciteit, telefoon, lift).
| www.mountstuart.com

Op dit prachtige strand aan de westkust vind je nog sporen van de verdedigingslinie die hier tijdens de Tweede Wereldoorlog is opgeworpen omdat men een Duitse invasie vreesde.

De ruïne van de St Blanekerk (13de eeuw) is een knap voorbeeld van erfgoedbeheer. Uit de resten van een klooster blijkt dat het christendom hier al in de 6de eeuw was doorgedrongen.

Port Bannatyne, in het noordoosten van het eiland Bute

ROUTE GLASGOW - LOCH LOMOND (TARBET)

- Om praktische redenen, met name het vervolg van de reis, stellen we voor naar Tarbet te reizen, maar je kunt ook ergens anders in het nationaal park Loch Lomond overnachten.
- Met de auto 1 uur, zonder tussenstops (58 km over de A82).
- Met de trein 1 uur en 45 min. naar het station van Arrochar en Tarbet.
- Met de bus 1 uur en 20 min. (bus 976 of 926).

A BALLOCH
Balloch Castle Country Park: gratis | Vrij toegankelijk

In dit dorp kun je een boottocht maken op het zuidelijke deel van Loch Lomond. Frisse lucht vind je ook in **Balloch Castle Country Park**, dat boven het dorp uitsteekt.

1 THE BALLOCH HOUSE
Balloch Road, Balloch

- Mooi gebouw uit de 18de eeuw, erg authentiek.
- Uitgebreide kaart. *Sunday roast*, jawel, op zondag (gebraden vlees met groenten).

| *Ma.-vr. 7.00-23.00 u, za.-zo. 8.00-23.00 u* | *Fish & chips £ 13, Sunday roast £ 10,50-14,50.*

Een cottage in Luss

B THE MAID OF THE LOCH
1 Pier Road, Balloch

Dit **historische stoomschip** deed dienst als veerboot op Loch Lomond en is nu een museum (geschiedenis van het schip, maquettes van de machinezaal). Klein café.
| *April-okt. za.-zo.* | *Gratis.*

C LUSS

Een pittoresk dorp aan de oever van Loch Lomond. Op de kleine begraafplaats vind je ook een Vikinggraf. Boottochten met vertrek vanaf de pier.

2 THE COACH HOUSE COFFEE SHOP
Church Road, Luss

- In een achterafstraatje. Leuk café met ernaast een souvenirwinkel.
- Beroemd om zijn grote *scones*!

| *Dag. 10.00-17.00 u* | *Scone £ 4, gebak £ 4-5, dagsoep £ 6.*

LOCH LOMOND & TROSSACHS NATIONAL PARK

VERVOER IN HET PARK

Met de auto: rijd voorzichtig, de wegen zijn soms echt smal en kronkelig. In de zomer rijden er op deze wegen ook veel chauffeurs met weinig rijervaring.
Met de bus: de streek heeft een efficiënt busnet, de belangrijkste steden in het park zijn vlot bereikbaar. Informeer je bij de busmaatschappijen First Bus (www.firstgroup.com) en Citylink (www.citylink.co.uk).
Met de fiets: tal van fietsroutes doorkruisen het park. Fietsverhuurders in Tarbet, Trossachs Pier, Balloch en Luss.

WAAR OVERNACHTEN?

- Er zijn **veel hotels, jeugdherbergen en lodges** in het park. Toch kun je maar beter **reserveren**, zelfs in het laagseizoen, want dan zijn niet alle adressen geopend.
- Er zijn ook veel **campings**. Voor inlichtingen kun je terecht bij de Visitor Centres.
- **Wildkamperen** is toegestaan in het park, maar alleen in bepaalde zones. Wie in het hoogseizoen wil wildkamperen, moet een vergunning kopen.

BEZOEKERSCENTRA

Uitgebreide algemene informatie op **www.lochlomond-trossachs.org**
In de Visitor Centres kun je terecht voor informatie, advies, folders, adressen en wifi:
- **Balmaha,** op het centrale parkeerterrein. Dag. (in de winter uitsluitend in het weekend).
- **Aberfoyle,** in de hoofdstraat. Dag. (in de winter minder lang).
- **The Lodge Forest Visitor Centre,** aan Duke's Pass. Een café en een mooi uitzicht!
- **Balloch,** tegenover het station. Dag.
- **Glen Finglas,** Brig O'Turk, voorbij Callander. Focust op bosherstel. Dag., okt-maart gesloten.

Conic Hill, vlak bij Balmaha

BUITENACTIVITEITEN

- **Wandelen:** Bereid je goed voor, het weer is erg wisselvallig en het kan heel koud zijn. Ook al zijn de toppen niet hoog, sommige wandeltochten zijn heel pittig.
- **Kamperen:** Maak geen vuur en neem je afval mee (en ook afval dat je tegenkomt).
- **Watersporten:** Veel verhuurders van kano's, kajaks, *stand-up paddles* en zeilboten in de grotere steden.
- **Fietsen:** Veel fietsroutes in het park. Fietsverhuurders in Tarbet, Trossachs Pier, Balloch en Luss. Info op www.lochlomond-trossachs.org/things-to-do/cycling

NUTTIGE LINKS

- Om de wandelroutes te checken of een camping te vinden:
www.lochlomond-trossachs.org
- Voor info over de staat van de wegen:
www.trafficscotland.org
- Voor de weersvoorspelling:
www.metoffice.gov.uk
- Om een lodge of een hotel te vinden:
www.lochlomond-thetrossachs.co.uk

LOCH LOMOND & TROSSACHS NATIONAL PARK

De Schotten zijn dol op het nationaal park van Loch Lomond en de Trossachs, een weelderig, ongerept natuurgebied met tal van bergen, meren en bossen, geknipt voor buitenactiviteiten: wandelen, bergbeklimmen, fietsen, varen, enz.

Milarrochy Bay, ten noordwesten van Balmaha

WAT BEZOEKEN EN DOEN?

- A Boottocht op Loch Lomond
- B Balmaha
- C An Ceann Mòr
- D Loch Voil
- E Loch Katrine
- F Ben A'an
- G Queen Elizabeth Forest Park

CAFÉS, PUBS, UIT ETEN

- 1 Slanj Restaurant
- 2 The Real Food Cafe
- 3 Artisan Cafe
- 4 Mhor 84
- 5 The Frying Dutchman Café
- 6 The Oak Tree Inn

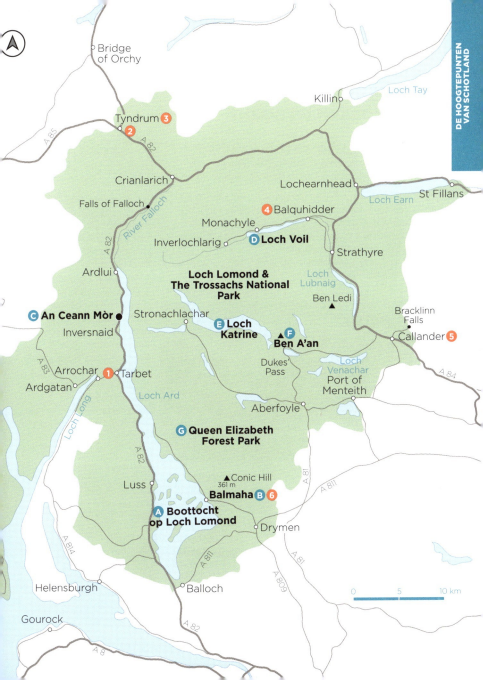

LOCH LOMOND

WAT BEZOEKEN EN DOEN?

Ⓐ BOOTTOCHT OP LOCH LOMOND
www.cruiselochlomond.co.uk | Niet gratis

Om alle hoeken van Loch Lomond te verkennen, kun je boottochten van ca. 1 uur maken vanuit Luss en Balloch (blz. 82) en ook vanuit Balmaha. Als je je uitsluitend van de ene haven naar de andere wilt verplaatsen, kun je beter een *waterbus* nemen, ze varen heel regelmatig.
| Dag. (okt.-april: enkel in het weekend) | Niet gratis
| *Waterbus Sweeney's Cruises*: www.sweeneyscruiseco.com | Nov.-maart geen waterbussen.

Loch Lomond nabij Balmaha

Ⓑ BALMAHA

Ideaal om de oostelijke oever van Loch Lomond te verkennen. Die is ongerepter en minder toegankelijk. Vaar in het hoogseizoen met de boot van McFarlane naar het kleine **eiland Inchcailloch**, met vervallen boerderijen, de resten van een kerk uit de 13de eeuw en een prachtig kerkhof. Balmaha is ook het vertrekpunt voor de beklimming van **Conic Hill** (361 m). Boven wacht je een weids uitzicht op Loch Lomond.
| *Inchcailloch*: voorbij de Oak Tree Inn linksaf | £ 5 H/T | Bezoek aan het eiland: 2 uur | *Conic Hill*: 3 uur wandelen H/T | Betaald parkeren.

Ⓒ AN CEANN MÒR
Betaald parkeren

Een 8 m hoog houten kunstwerk, ook wel **Inveruglas Pyramid** genoemd. Boven ontvouwt zich een prachtig panorama op Loch Lomond (uitsluitend trappen naar de top).

Ⓓ LOCH VOIL

Nog een prachtig, rustig loch. Aan de oever ervan, in het dorp **Balquhidder**, kun je langsgaan bij het graf van de Schotse held Rob Roy.

Op weg naar Conic Hill

Loch Katrine gezien vanaf Ben A'an

E LOCH KATRINE

Dit wondermooie loch weg van de weg is 13 km lang. Schrijver sir Walter Scott bezong het in zijn boek *The Lady of the Lake*. Nu is dit meer ook de drinkwaterleverancier van Glasgow! Ontdek het tijdens een tocht aan boord van een 120 jaar oud motorship.
Boottochten: Loch Katrine Cruises, Trossachs Pier (aan de oostkant van Loch Katrine) | *Res. verplicht:* ✆ 01877 376 315 | *Niet gratis.*

F BEN A'AN

Voor een uniek uitzicht op het hele park en de weelderige natuur gaat er niets boven de beklimming van deze berg. Het is een van de makkelijkst te bedwingen toppen van Schotland!
| *3,7 km, 3 uur wandelen.*

G QUEEN ELIZABETH FOREST PARK
Info in het Lodge Forest Visitor Centre: Duke's Pass, Aberfoyle | Vrij toegankelijk (betaald parkeren)

Dit grote bospark ligt in het oostelijke deel van het Loch Lomond National Park. Je komt er beschermde planten en dieren tegen. Ook het park zelf is beschermd gebied. Je kunt er uitstekend wandelen en wij raden je deze twee wandelingen aan:
- de **Sallochy Trail**, een boswandeling met een paar hoogtemeters langs de oever van Loch Lomond (2 uur, 4 km). Vertrekt aan het Sallochy Car Park, voorbij Balmaha;
- het **Leannach Forest Circuit** vertrekt aan het Leannach Car Park, niet ver van Aberfoyle. Een lus van 8 km met op verschillende plaatsen een mooi uitzicht op de berg Ben A'an.

LOCH LOMOND

CAFÉS, PUBS, UIT ETEN

❶ SLANJ RESTAURANT
Station Road, Tarbet

- Sfeervolle pub. Klassieke kaart (pizza's, hamburgers...).
- Verzorgde bediening, van het ontbijt tot het diner.
- Sommige avonden livemuziek.

| Dag. 9.00-22.00 u (Kerstmis-jan. gesl.) | Hamburgers £ 13-15.

❷ THE REAL FOOD CAFE
Hoofdstraat, Tyndrum

- Het lijkt op een fastfoodadres, maar dit café serveert uitstekende gerechten.
- Probeer de *fish chowder*, een typische vissoep.

| Dag. 7.30-20.00 u (in de zomer tot 21.00 u) | Fish chowder £ 6,75.

Een standbeeld in Balmaha

❸ ARTISAN CAFE
Old Church Road, Tyndrum

'Dit café zit verstopt in een kerk en gaat voor vers en lekker. Heerlijke soepen en gebak dat met veel liefde is gemaakt.'

| Do.-zo. 10.00-16.00 u | Soep & broodje £ 4,95-8, scone £ 4.

❹ MHOR 84
84 Kingshouse, Balquhidder

- Grappig interieur, is het recycling of moderne kunst?
- Mooie wijnkaart en veel steakvarianten.
- Het bijbehorende hotel is ook erg goed.

| Dag. 8.00-21.00 u
| Dagsoep £ 6, fish & chips £ 15.

❺ THE FRYING DUTCHMAN CAFÉ
75-77 Main St., Callander

- De specialiteit van het Dutchman Cafe? *Fish & chips*. Hij is fantastisch!
- Alternatieven: biologische zalm, bloedworst, rookworst.

| Dag. 12.00-20.00 u
| Fish & chips £ 6-9.

❻ THE OAK TREE INN
Hoofdstraat, Balmaha

- Een instituut bij alle wandelaars op de West Highland Way.
- Verschillende ruimtes: bar, terras... Klassieke gerechten.

| Dag. 12.00-21.00 u
| Dagsoep £ 6, fish & chips £ 17.

The Oak Tree Inn

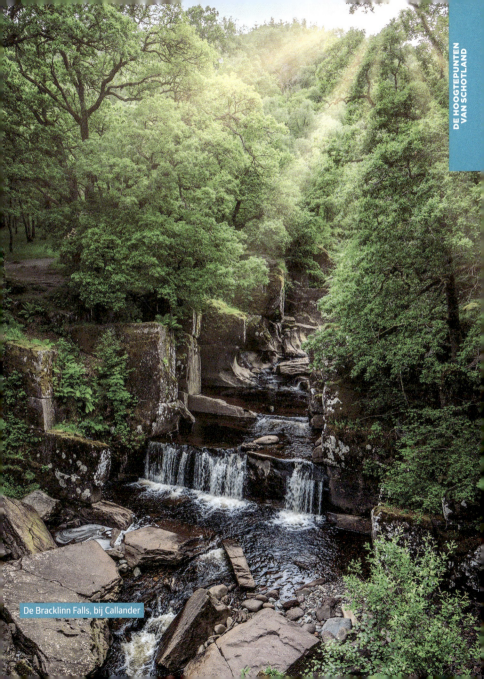

De Bracklinn Falls, bij Callander

DE HOOGTEPUNTEN VAN SCHOTLAND

EDINBURGH GLASGOW **LOCH LOMOND** **OBAN EN DE EILANDEN** FORT WILLIAM ISLE OF SKYE INVERNESS EN LOCH NESS PITLOCHRY EDINBU

ROUTE LOCH LOMOND - OBAN

- Met de auto, een rit van 140 km (2 uur en 20 min. zonder tussenstops).
- Met de bus ca. 3 uur en 30 min., overstappen in Kilmartin.
- Rechtstreekse trein van Tarbet naar Oban (ca. 2 uur).

Ⓐ INVERARAY

Inveraray Castle: www.inveraray-castle.com
| Niet gratis (kasteel en tuinen) | Nov.-maart gesl.

In dit vissersdorp uit de 18de eeuw moet je een pauze inlassen. Slenter door de straten met de wit met zwarte huizen en bezoek het **kasteel**, een feest voor wie van mooie interieurs en tuinen houdt. Hier woont de hertog van Argyll, tevens het hoofd van de Campbell-clan. In het dorp kun je ook een bezoek brengen aan de voormalige rechtbank en bijbehorende gevangenis, die tot in 1889 is gebruikt.

❶ BRAMBLES CAFÉ
5 Main St., Inveraray

- Café met een eenvoudige kaart. Lekkers uit de zee om met elkaar te delen.
- Ingericht met werk van lokale kunstenaars.
| Dag., in de zomer 7.30-17.00 u, in de winter 12.00-16.00 u
| Dagsoep £ 5, fish & chips £ 13,50.

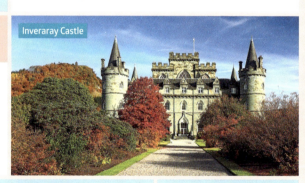
Inveraray Castle

Ⓑ KILMARTIN GLEN
12 km ten noorden van Lochgilphead
| Niet gratis

Verspreid over het terrein zijn 350 objecten gevonden die meer dan 5000 jaar oud zijn. Deze belangrijke archeologische vindplaats helpt je om het museum in het dorp beter te begrijpen. Heel wat plekken, onder andere de steencirkel van Temple Wood, zijn te voet bereikbaar. Duik in het verleden voor een kennismaking met de rituelen van de voorouders van de Schotten!
| www.kilmartin.org

Ⓒ ARDUAINE GARDEN
| Niet gratis | Nov.-maart gesl.

De tuin is aangelegd in 1903 en heeft een prachtige collectie bloemen. Volg de blauwe route (45 min.) om een mooi beeld te krijgen, de oranje route (30 min.) brengt je langs de rododendrons.
| www.nts.org.uk

OBAN EN DE EILANDEN

NAAR DE EILANDEN

Oban heeft prima overnachtingsmogelijkheden en is de ideale stopplaats voor je tocht naar de Binnen-Hebriden.
De veerponten naar de eilanden (behalve naar Ulva en Staffa) worden uitgebaat door CalMac (www.calmac.co.uk).

• **Naar Mull:** ferry van Oban naar Craignure. In de zomer 7 tot 10 boten, in de winter 3 tot 6, een tocht van 1 uur. Prijs H/T: £ 29,40/voertuig, £ 7,80/passagier.

• **Naar Kerrera:** het eiland ligt recht tegenover Oban, maar de veerboot vertrekt vanuit Gallanach (5 mijl ten zuiden van Oban). 16 boten/dag, uitsluitend maart-okt., een overtocht van 5 min. Prijs H/T: £ 3,40/pers.

• **Naar Iona:** veerboot voor voetgangers vanuit Fionnphort, ten zuiden van Mull. Overtocht van 10 min. Prijs H/T: £ 3,70/pers. Je kunt de auto dus niet meenemen naar Iona.

• **Naar Ulva:** per boot bereikbaar vanuit Ulva Ferry. April-okt. ma.-vr. (juni-aug. ook zo.). Prijs H/T: £ 6/pers.

• **Naar Staffa:** dagexcursies (niet gratis, incl. 1 uur op het eiland) vanuit Fionnphort (www.staffatours.com) of Ulva Ferry (www.turusmara.com). Reken op £ 30-35/pers.

NUTTIGE ADRESSEN

VisitScotland iCentre in Oban: 3 North Pier. Dag.
VisitScotland iCentre op Mull: Craignure. Dag.
www.visitscotland.com/nl-nl

VERVOER

Oban: een kleine stad, je doet alles te voet!
Mull: West Coast Motors verzorgt 3 buslijnen op het eiland Mull:
• Craignure/Salen/Tobermory
• Craignure/Pennyghael/Bunessan/Fionnphort
• Tobermory/Dervaig/Calgary

RESERVEREN

Vervoer: in de zomer moet je absoluut reserveren voor de veerpont naar de eilanden, zeker als je een auto meeneemt (het aantal plaatsen is beperkt).
Logies: er zijn niet veel logeeradressen, in het hoogseizoen moet je dus reserveren, zeker als je op Mull of Iona wilt overnachten.

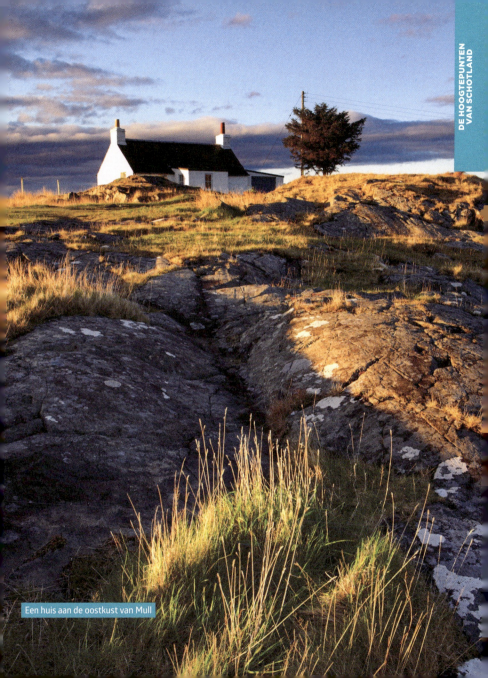

DE HOOGTEPUNTEN VAN SCHOTLAND

Een huis aan de oostkust van Mull

OBAN EN DE EILANDEN
OBAN

Oban is een kleine stad die uitkijkt naar het westen. Het is een praktische uitvalsbasis om de eilanden in de buurt te verkennen. 's Avonds geniet je er van uitstekende pubs en visrestaurants...

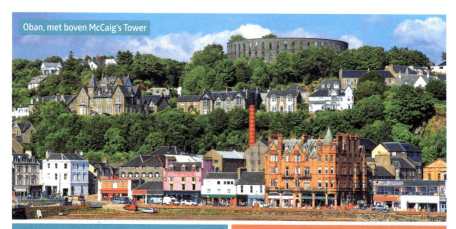

Oban, met boven McCaig's Tower

WAT BEZOEKEN EN DOEN?

- **A** McCaig's Tower
- **B** Oban Distillery
- **C** Dunollie Castle
- **D** Fietsexcursie

CAFÉS, PUBS, UIT ETEN

1. The Oban Seafood Hut
2. Coast Restaurant
3. The Waterfront Fishhouse
4. Oban Chocolate Company
5. Cuan Mór
6. The Oban Inn

Oban

Dunollie Castle C

St Columba's Cathedral

Corran Halls

Oban Bay

of Mull

St John's Cathedral

Fietsexcursie

War and Peace Museum

Stafford St

North Pier

McCaig's Tower A

Oban Distillery B

Ferry Terminal

Pulpit Hill View Point

DE HOOGTEPUNTEN VAN SCHOTLAND

200 m

OBAN EN DE EILANDEN
OBAN WAT BEZOEKEN EN DOEN?

De haven van Oban

A MCCAIG'S TOWER
De trap begint in Craigard Road | Vrij toegankelijk

Een bankier liet deze toren met granieten bogen eind 19de eeuw bouwen, zodat de arbeiders ook 's winters werk zouden hebben.
Je hebt er een schitterend uitzicht op de baai van Oban.

B OBAN DISTILLERY
Stafford St. | Dag. (dec.-feb. niet 's ochtends) | Rondleiding niet gratis

De distilleerderij, opgericht in 1794, is een van de oudste van Schotland. Volg de rondleiding en leer wat er bij het mouten, gisten en rijpen van Schotse whisky komt kijken.
| www.malts.com

C DUNOLLIE CASTLE
2 km ten noorden van Oban | Apr.-okt. zo.-vr. | Niet gratis

De oude burcht van de clan MacDougall staat aan het einde van Corran Esplanade. De wandeling erheen, langs de zee en door stukken bos, is aangenaam.
| www.dunollie.org

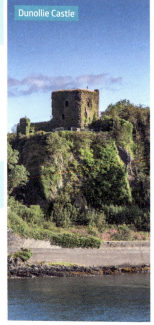
Dunollie Castle

D FIETSEXCURSIE
Fietsen huren bij Oban Cycles

Oban ligt aan de **Caledonia Way,** een wandel- en fietsroute die Campbeltown en Inverness met elkaar verbindt. Tussen Oban en Fort William (77 km) volgt de route bijna uitsluitend autovrije wegen. Je kunt perfect de veerpont naar Lismore nemen, daar de hele dag rondfietsen en 's avonds naar Oban terugkeren.
| *Fietsverhuur: Oban Cycles | 87 George St. | Di.-za.*
| *www.obancyclescotland.com | Niet gratis.*

OBAN EN DE EILANDEN
OBAN CAFÉS, PUBS, UIT ETEN

❶ THE OBAN SEAFOOD HUT
Calmac Pier

The Oban Seafood Hut

'Deze kleine keet serveert verse zeevruchten. Je eet uit het vuistje, buiten, terwijl je uitkijkt op de baai van Oban.'
| Maart-okt. dag. 10.00-18.00 u
| Gerechten £ 4-9.

❷ COAST RESTAURANT
104 George St.

● Kleine porties, maar vriendelijk personeel.
● Zalm gerookt met whisky, heilbotfilet in een korstje...
| Di.-za. 12.00-14.00 u en 17.30-21.00 u (Kerstmis-jan. gesl.)
| Driegangenmenu £ 25.

❸ THE WATERFRONT FISHHOUSE
Railway Pier

● Vis en zeevruchten, met uitzicht op de haven!
● De oesters eet je hier rauw, gegrild of gefrituurd!
| Di.-zo. 12.00-21.30 u
| Oesters £ 12,50 voor 6, tweegangenmenu £ 19 (voor 18.45 u).

❹ OBAN CHOCOLATE COMPANY
34 Corran Esplanade

'Na een dag wandelen uitrusten met een kop warme chocola en toekijken wat de chocolademakers produceren. Heerlijk!'
| Dag. 10.00-16.30 u (juli-aug. tot 21.00 u), jan. gesl.
| Warme chocolademelk £ 3,50.

❺ CUAN MÓR
60 George St.

● Grote zeevruchtenschotels.
● Vrijdag is *fish & chips*-avond.
● Keuze uit 100 whisky's.
| Dag. 12.00-21.30 u
| Gerechten £ 11-18, broodjes £ 5.

De Oban Chocolate Company

❻ THE OBAN INN
1 Stafford St.

● Traditionele pub, een interieur met veel hout en heel veel whisky's.
● Op de bovenverdieping bijna elke avond livemuziek!
| Ma.-do. 12.00-24.00 u, vr.-za. 11.00-1.00 u, zo. 11.00-24.00 u
| Pint £ 4-5, Guinness pie £ 10,50.

OBAN EN DE EILANDEN MULL, IONA EN ANDERE HEBRIDEN

Mull is een eiland met een bergachtig binnenland en diepe meren. Het levert prachtige foto's op. De eilanden Iona, Staffa en Ulva verken je tijdens een dagexcursie. Kies welk eiland jij bezoekt!

Duart Castle, het eiland Mull

WAT BEZOEKEN?

- A Kerrera
- B Mull
- C Iona
- D Staffa
- E Ulva

CAFÉS, UIT ETEN

1. Arlene's Coffee Shop
2. Craignure Inn
3. The Mishnish Bar
4. Isle of Mull Cheese
5. The Rookery Café

OBAN EN DE EILANDEN
MULL, IONA & CO. WAT BEZOEKEN?

A KERRERA
Per boot bereikbaar vanuit Gallanach

Dit kleine eiland vlak bij Oban is perfect voor wandelaars en voor wie van mooie stranden houdt.

B MULL
Duart Castle: www.duartcastle.com | Juli-sept. dag., april-juni en okt. za.-wo. | Niet gratis. Mull Museum: Pasen-eind okt. ma.-za. | Gratis

In het noorden ligt de charmante, kleurrijke hoofdplaats **Tobermory**. Bezoek het **Mull Museum** om meer te weten te komen over zijn geschiedenis en de lokale distilleerderij. In het oosten staat **Duart Castle**. Het trotse kasteel van de clan MacLean heeft een tumultueuze geschiedenis gekend en is in de 20ste eeuw heropgebouwd. Fraaie weergang. In het zuidwesten biedt het schiereiland **Ross of Mull** prachtige kustpanorama's.

C IONA
Per boot bereikbaar vanuit Fionnphort | Iona Abbey: dag. | Niet gratis

Dit kleine eiland speelde een belangrijke rol in de religieuze geschiedenis van Schotland. In 563 kwam de Ierse missionaris Colomba hier aan en verspreidde hij het christendom. Bezoek zeker de **abdij**, bepaalde delen dateren uit de 7de eeuw, het kerkhof van St Oran's (vrij toegankelijk) en de resten van het augustinessenklooster, The Nunnery (vrij toegankelijk). De abdij heeft een prachtige kloostergang.

D STAFFA
Alleen bereikbaar met excursieboten

Maak een dagexcursie (niet gratis) naar dit onbewoonde, vulkanische eiland, bekend vanwege zijn vogelkolonies en de basaltzuilen die 60 miljoen jaar geleden ontstaan zijn.

E ULVA
Per boot bereikbaar vanuit Ulva Ferry

De bewoners hebben dit kleine eiland onlangs teruggekocht en blazen het nieuw leven in. Je vindt er goed bewegwijzerde wandelpaden.

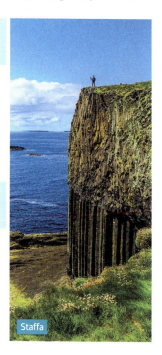
Staffa

OBAN EN DE EILANDEN
MULL, IONA & CO. CAFÉS, UIT ETEN

Tobermory, op het eiland Mull

① ARLENE'S COFFEE SHOP
Craignure, Mull

- Koffiehuis waar je je kunt warmen en iets eten.
- Gerund door een moeder en haar dochter, allebei dol op... chocolade!

| Ma.-za. 10.00-15.30 u
| Warme dranken ca. £ 2.

② CRAIGNURE INN
Craignure, Mull

- Kleine pub, sober en met uitzicht op de haven.
- Beperkte kaart, vooral lokale gerechten.
- Verhuurt ook kamers.

| Dag. 11.30-20.30 u
| Gerechten £ 11-14.

③ THE MISHNISH BAR
Main St., Tobermory, Mull

- Voor een feestelijke avond samen met de locals, er zijn vaak activiteiten.
- Gezellig, houtkachel, stoelen gemaakt van vaten.

| Dag. 11.00-1.00 u (restaurant 12.15-14.45 u en 17.00-21.30 u)
| Gerechten £ 11-16.

Het strand van het eiland Iona

④ ISLE OF MULL CHEESE
Tobermory, Mull

'Deze boerderij maakt lekkere kaas en heeft een bijzonder café. Ik kom graag in deze prachtige, weelderig begroeide serre.'

| Sgriob-ruadh Farm
| Do.-zo. 10.00-16.00 u | Koffie £ 2.

⑤ THE ROOKERY CAFÉ
Net voorbij The Nunnery, Iona

- Klein café, heel eenvoudig. Mooi terras.
- In het seizoen serveren ze zeevruchten.

| Dag. 10.15-16.15 u
| Warme dranken £ 1,50-2,50.

ROUTE OBAN - FORT WILLIAM

• Met de auto een rit van 75 km, ca. 1 uur en 30 min., zonder tussenstops.

• Met de bus (lijn 918) ben je even lang onderweg, ook zonder tussenstops.

Castle Stalker

A DUNSTAFFNAGE CASTLE
Castle Grounds, Dunbeg

Aan de oever van Loch Etive, een vervallen kasteel uit de 13de eeuw, gebouwd door de clan MacDougall. Een unieke, romantische burcht boven op een rots.
| Dag. (okt.-maart do.-vr. gesl.)
| Niet gratis.

B CASTLE STALKER
Portnacroish (Appin), parkeer bij de Old Inn | Alleen met rondleiding, res. verplicht op www.castlestalker.com | Niet gratis

Dit kasteel is eigenlijk een versterkte toren, oogt heel romantisch en staat op een eilandje in Loch Laich. Het is uitsluitend bereikbaar met een boot, en bij laag water ook te voet. Het kreeg zijn huidige vorm in 1440. Heel fotogenieke locatie, zeker bij zonsondergang.

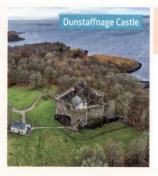
Dunstaffnage Castle

❶ CASTLE STALKER VIEW CAFE
Portnacroish (Appin)

• Bekend café, net voor Castle Stalker, met vrij uitzicht op het kasteel.
• Souvenirwinkel, verkoopt lokale producten en meeneemgerechten.
| Dag. 9.30-16.00 u (in de winter minder lang) | Soep £ 4.

❷ THE FOUR SEASONS
Righ Crescent, Inchree

• Pub niet ver van de haven van Corran.
• Serveert typische pub-gerechten: pies, kip gevuld met haggis...
| Dag. 17.30-23.00 u (in de winter minder lang) | Kip met haggis £ 18.

DE HOOGTEPUNTEN VAN SCHOTLAND

FORT WILLIAM EN OMGEVING

VERVOER IN FORT WILLIAM EN OMGEVING

Te voet: Fort William is een kleine stad die je makkelijk te voet kunt verkennen.
Met de auto: het meest praktische vervoermiddel, maar rijd voorzichtig, sommige wegen zijn erg smal.
Met de bus: bus 914 (www.citylink.co.uk) verbindt Glasgow met Fort William, via Glencoe. Vanuit Fort William rijden bussen van busmaatschappij Shiel (www.shielbuses.co.uk) naar Glencoe, Kinlochleven en naar het dalstation van de kabelbaan (Nevis Range).
Met de veerpont: 14 km ten zuiden van Fort William kun je dankzij de Corran Ferry om het halfuur oversteken van de ene oever van Loch Linnhe naar de andere (gratis voor voetgangers, £ 10/auto).

RESERVEREN

Logies: Fort William is een prima uitvalsbasis. Je vindt er heel wat hotels en jeugdherbergen. Reserveer op tijd, de prijzen stijgen snel!

NUTTIGE ADRESSEN

- **iCentre VisitScotland Fort William:** 15 High St. Dag.
- **Ben Nevis Visitor Centre:** Glen Nevis, aan weg C1162. Dag.
- **Glencoe Visitor Centre:** Ballachulish. Dag.

WAARSCHUWINGEN

Wandeltochten: voor wandeltochten in de buurt van Fort William heb je een degelijke uitrusting nodig. Je moet je tochten ook op zijn minst een beetje voorbereiden.
Ben Nevis: de beklimming van Ben Nevis, de hoogste berg van Schotland, is lastig. Boven is het 10 °C kouder dan beneden. Je krijgt er vaak te maken met mist of regen, mobiele telefoons hebben er geen ontvangst en het pad eist al vlug veel van je krachten. Begin er niet aan zonder degelijke voorbereiding.
Rijden in de winter: de wegen kunnen gevaarlijk zijn, soms worden ze zelfs gesloten. Raadpleeg de website: https://trafficscotland.org

Op weg naar Glen Coe

DE HOOGTEPUNTEN VAN SCHOTLAND

FORT WILLIAM EN OMGEVING

Fort William is niet de mooiste stad van Schotland, maar je vindt er wel alles wat je nodig hebt om de omgeving te verkennen en in de Highlands rond te dwalen. Een uitstekende uitvalsbasis!

Glen Coe Valley

WAT BEZOEKEN EN DOEN?

- A Fort William
- B Glen Nevis
- C Ben Nevis
- D Kabelbaan van de Aonach Mòr
- E Glencoe
- F Glen Coe Valley
- G Wandeling in de Lost Valley

PUBS, UIT ETEN

1. The Wildcat
2. The Geographer
3. The Crofter
4. The Silly Goose
5. The Great Glen
6. The Grog & Gruel
7. Ben Nevis Bar
8. The Volunteer Arms
9. Highland Soap Company

FORT WILLIAM EN OMGEVING WAT BEZOEKEN EN DOEN?

A FORT WILLIAM
West Highland Museum: Cameron Square | westhighlandmuseum.org.uk | April-okt. ma.-za.; nov.-maart ma.-vr. | Gratis

Fort William is genoemd naar een militair fort dat in 1864 werd vernield. Het kleine centrum concentreert zich rond High Street, de hoofdstraat. De stad heeft een museum, het **West Highland Museum**, dat uitleg geeft over de bewogen geschiedenis van de regio. Wist je dat de Britse elite-eenheden tijdens de Tweede Wereldoorlog opgeleid werden in Achnacarry, een trainingscentrum ten noorden van Fort William?

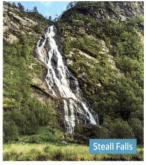
Steall Falls

Wandelaars op weg naar de top van Ben Nevis

B GLEN NEVIS

Een van de meest spectaculaire valleien van het land. Aan het parkeerterrein bij Upper Glen Nevis vertrekt een wandelpad naar **Steall Falls**, een indrukwekkende waterval (3 km, 2 uur H/T).

C BEN NEVIS
Vaak mist en regen, op de top ligt een groot deel van het jaar sneeuw

Het hoogste punt van Schotland, Ben Nevis (1345 m), maakt deel uit van een ongastvrij ogend, maar wondermooi massief dat bij mooi weer een fenomenaal uitzicht biedt op de Highlands. De top bereik je na een lange wandeltocht over de **Ben Nevis Mountain Track**, een wandeling die je het best maakt onder begeleiding van een gids. De uitrusting die je nodig hebt voor de klim vind je in de winkels in Fort William.

*Ben Nevis Mountain Track: vertrek aan het parkeerterrein van het Glen Nevis Visitor Centre | 16 km H/T | 8 uur | Buiten juni-sept. afgeraden | Wandeling met gids niet gratis, reserveren bij het Visitor Centre | **Verhuur van materiaal**: de winkel van Ellis Birgham, Belford Road, Fort William | Dag.*

Boven op The Three Sisters

DE HOOGTEPUNTEN VAN SCHOTLAND

D KABELBAAN VAN DE AONACH MÒR
Vertrek aan het station Nevis Range | www.nevisrange.co.uk | Nov. gesloten | Niet gratis + betaald parkeren

De kabelbaan brengt bezoekers in 15 min. naar een hoogte van 650 m, aan de voet van de berg Aonach Mòr en het skigebied Nevis Range. Daar kies je tussen twee wandelpaden: in noordelijke richting, naar Sgurr Finniosgaig (40 min H/T) voor het fraaie uitzicht op Loch Lochy, of naar het westen, naar het uitkijkpunt Meall Beag (1 uur H/T) voor het panorama op Fort William, Ben Nevis en Loch Eil.

E GLENCOE
www.glencoemuseum.com

Het dorp vergeet het bloedbad van Glencoe niet. In 1692 doodden de Campbells tientallen leden van de MacDonald-clan. Het museum focust daarop.
| Glencoe Folk Museum: Main St. | April-okt. di.-za. | Niet gratis.

F GLEN COE VALLEY
Glencoe Visitor Centre in Ballachulish | Betaald parkeren

Ongetwijfeld de beroemdste vallei van Schotland. Ze werd twee miljoen jaar geleden door gletsjers uitgesleten. Ze is te zien in de films *Skyfall* en *Braveheart* en ook in de tv-serie *Outlander*. Het Visitor Centre biedt een tentoonstelling over de geologie van de regio, en een café! Als je met de auto bent, kun je halthouden op het parkeerterrein aan de voet van **The Three Sisters**, drie indrukwekkende vulkanische bergtoppen.

G WANDELING IN DE LOST VALLEY
The Three Sisters

In de Lost Valley, verstopt tussen **The Three Sisters**, schuilden in 1692 de overlevenden van het bloedbad van Glencoe. De wandeling start bij een houten brug tussen twee parkeerterreinen.

FORT WILLIAM EN OMGEVING PUBS, UIT ETEN

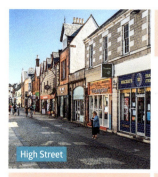
High Street

❶ THE WILDCAT
21 High St., Fort William

- Vegan café zonder afval (geen plastic bestek en wegwerpbekers).
- Lekker en eenvoudig.
- Een kleine winkel.

| *Wo.-za. 9.00-16.00 u*
| *Soepen £ 5,50, gerechten £ 10.*

❷ THE GEOGRAPHER
88 High St., Fort William

- Creatieve kaart die put uit de wereldkeuken. Ga voor de wildragout.
- Goede vondst: *pairing* van lokale bieren en gerechten!

| *Ma.-za. 12.00-14.00 u en 17.00-21.00 u* | *Gerechten £ 11-22, wildragout £ 16,80.*

❸ THE CROFTER
11 High St., Fort William

- Traditionele pub, bekend om zijn muziekavonden.
- Ontbijt met een uitstekende prijs-kwaliteitverhouding.

| *Ma.-vr. 10.00-24.00 u, za. 10.00-2.00 u (livemuziek), zo. 10.00-24.00 u* | *Gerechten £ 5-10, ontbijt £ 7.*

❹ THE SILLY GOOSE
Achintore Road, Fort William

- Vaak bekroond restaurant, uitgekiende, lekkere gerechten.
- Onpersoonlijk interieur, maar toch een hartelijk adres.

| *Dag. 18.00-21.00 u*
| *Gerechten £ 22-30.*

❺ THE GREAT GLEN
104 High St., Fort William

- Een moderne pub.
- Op de kaart erg klassieke pubgerechten.
- Een heleboel bieren en veel ruimte.

| *Dag. 8.00-24.00 u*
| *Broodje + drankje £ 6,50-10.*

❻ THE GROG & GRUEL
66 High St., Fort William

'Een sfeervolle, gezellige pub met een varken als logo. Hier kom je voor een lekkere pint Schots bier of voor een van de 100 whisky's.'

| *Dag. 12.00-24.00 u.*

The Grog & Gruel

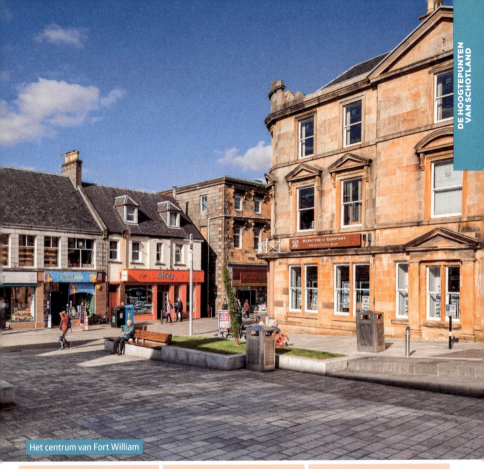

Het centrum van Fort William

❼ BEN NEVIS BAR
103 High St., Fort William

- De pub bestaat al sinds 1806.
- Veel concerten.

| *Ma.-za. 11.00-1.00 u, zo. 12.00-24.00* | *Keuken 12.00-21.00 u* | *Pint £ 4-5, gerechten £ 7 ('s middags), £ 11-14 ('s avonds).*

❽ THE VOLUNTEER ARMS
47 High St., Fort William

- Bar met veel stamgasten en democratische prijzen.
- Tonnen als tafels, jachttrofeeën, darts... Veel niet-Schotse bieren.

| *Dag. 11.00-1.00 u* | *Pint £ 4-7.*

❾ HIGHLAND SOAP COMPANY
48 High St., Fort William

- Dit familiebedrijf produceert uitstekende biologische zepen.
- Ook een mooie selectie geurkaarsen.

| *Ma.-za. 10.00-17.00 u, zo. 11.00-16.00 u* | *Zeep vanaf £ 5,50.*

ROUTE FORT WILLIAM - ISLE OF SKYE (ARMADALE)

- Met de auto, 69 km tot in Mallaig (ca. 1 uur en 20 min. zonder tussenstops). Met de bus (lijn 502) of de trein doe je er ongeveer even lang over. Daarna de veerpont naar het eiland Skye.
- Veerpont tussen Mallaig en Armadale: CalMac (calmac.co.uk), 3 tot 9 boten/dag, duur overtocht: 30 min. Prijs: £ 3,20/pers., £ 10,65/auto.
- Bij slecht weer of problemen met de veerpont kun je naar Kyle of Lochalsh rijden en daar via de brug naar Skye rijden (zie blz. 124).

A GLENFINNAN VIADUCT

Je kent de bogen van dit viaduct omdat de Zweinsteinexpres uit *Harry Potter* er overheen rijdt. In de zomer tuft de stoomtrein *Jacobite Steamer* over het viaduct.

B GLENFINNAN MONUMENT
Betaald parkeren bij het Visitor Centre | Monument niet gratis

Glenfinnan speelde een belangrijke rol in de jakobietenopstand van 1745. Bonnie Prince Charlie, een katholieke afstammeling van de Stuarts en troonpretendent, verzamelde er een leger Highlanders en trok ermee naar Edinburgh en Londen. Het monument (in 1815 gebouwd), een zuil met daarop een Highlander, is een eerbetoon aan die historische gebeurtenis.
| *Monument en Visitor Centre: dag.* | *Toegang zuil : dag. 14.00-15.00 u (za. 11.00-12.00 u)* | *Res. verplicht: www.nts.org.uk*

C ARISAIG

Dorp aan een gekarteld kustgebied dat een mooi uitzicht biedt op de Small Isles. Stop bij Camusdarach Beach of Traigh Beach, twee stranden ten noorden van het dorp.

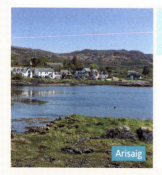
Arisaig

D MALLAIG
Hier vertrekt de veerpont naar het eiland Skye

In dit vissersdorp draait alles om het station en de veerpont naar Skye. Bezoek het kleine geschiedenismuseum, het **Mallaig Heritage Centre**.
| *Mallaig Heritage Centre: Station Road* | *www.mallaigheritage.org.uk* | *April-okt.* | *Niet gratis.*

1 THE BAKEHOUSE & CRANNOG
Old Quay, Mallaig

- Aan de ene kant een prima bakkerij, aan de andere kant een voortreffelijke pizzeria.
- De pizza's worden voor je neus klaargemaakt.

| *Bakkerij di.-za. 9.00-15.00 u* | *Restaurant di.-za. 17.00-21.00 u* | *Pizza's ca. £ 10.*

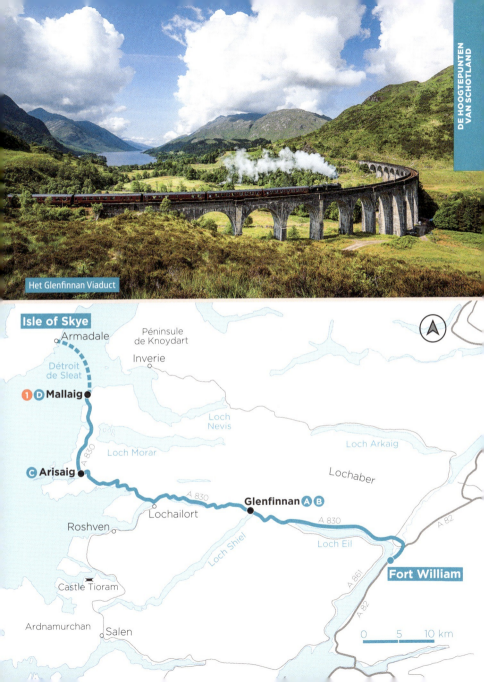

ISLE OF SKYE

VAN HET VASTELAND NAAR HET EILAND SKYE

Met de veerboot: er is een veerdienst tussen Mallaig en de haven van Armadale (zie de vorige blz.).
Met de auto: meer naar het noorden, bij Kyle of Lochalsh, is er een brug die je ook naar het eiland brengt.

RESERVEREN

Veerboot: het eiland Skye is erg populair. Reserveer je overtocht met de veerboot, zeker als je een auto meeneemt.
Logies: voor het hoogseizoen moet je maanden van tevoren reserveren.
Restaurant: wie 's avonds een tafel wil, moet enkele dagen van tevoren reserveren.

VERVOER OP SKYE

Met de bus: Stagecoach (www.stagecoachbus.com) verzorgt verschillende lijnen vanuit Portree. Opgelet, op zondag rijdt er geen enkele bus!
- Met de bussen 57A en 57C kun je een rondrit maken op het schiereiland Trotternish.
- Bus 56 rijdt naar Dunvegan.
- Bus 52/152 rijdt via Broadford naar Armadale.

Met de auto: dan ben je op Skye niet gebonden aan de hoofdwegen en aan de dienstregeling van de bussen. Je hebt dus meer vrijheid.
Maar wees voorzichtig, in de zomer is het verkeer erg druk en de wegen verkeren niet altijd in prima staat.

NUTTIGE ADRESSEN

iCentre VisitScotland: Bayfield House, Portree. Dag.

Supermarkt: Coop, Main Street, Broadford. Dag. 7.30-20.00 u (zo. vanaf 8.00 u).

WAARSCHUWING

Op het eiland Skye zijn er veel *single tracks*, erg smalle wegen waarop twee auto's elkaar niet kunnen kruisen. Anticipeer als je een andere auto ziet aankomen (gebruik de *passing places* aan beide kanten van de weg), geef de eilandbewoners voorrang en wees hoffelijk.

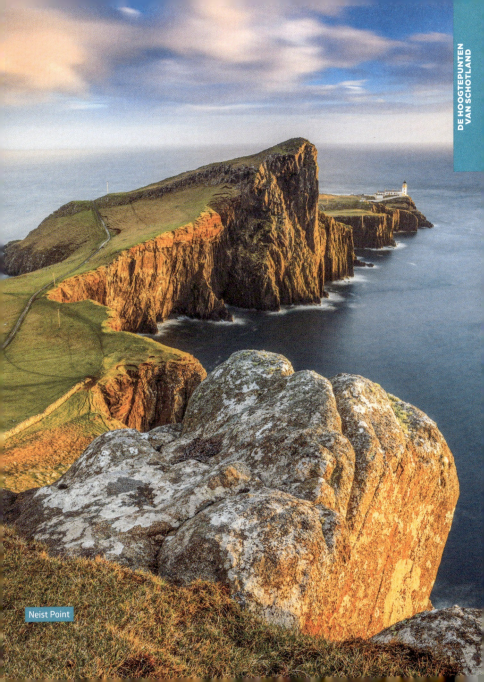

Neist Point

DE HOOGTEPUNTEN VAN SCHOTLAND

ISLE OF SKYE

Het beroemdste eiland van Schotland is makkelijk toegankelijk, want je kunt via een brug van het vasteland naar het eiland! De landschappen zullen je betoveren en de geschiedenis zal je naar adem doen happen.

Old Man of Storr

BEZOEKEN EN DOEN

- A Portree
- B Trotternish Peninsula
- C Dunvegan Castle
- D Neist Point
- E Talisker Distillery
- F Cuillin Hills
- G Sleat Peninsula

CAFÉS, LUNCHEN

- 1 Cafe Sia
- 2 Deli Gasta
- 3 Cafe Arriba
- 4 Cafe Lephin
- 5 The Shed
- 6 Jann's Cakes

UIT ETEN, PUBS

- 7 The Claymore
- 8 Red Skye Restaurant
- 9 The Granary
- 10 The Isles Inn
- 11 Scorrybreac

ISLE OF SKYE

WAT BEZOEKEN EN DOEN?

ⓐ PORTREE

De kleine hoofdstad van het eiland is een vissersdorp in dambordpatroon. Een kleurrijke haven, winkels en een oud kerkhof. Een goede uitvalsbasis voor wie geen auto heeft.

ⓑ TROTTERNISH PENINSULA
Op één dag kun je het schiereiland volledig rond rijden

Een wandelparadijs! Om twee trekpleisters kom je niet heen: **Quiraing**, het vulkanische berggebied dat door een aardverschuiving is ontstaan, en de beroemde **Old Man of Storr**, een rotsachtige heuvel die je boven met een heel mooi uitzicht beloont. **Kilt Rock**, in het oosten, is een klif met een waterval die zich in zee stort. In het uiterste noorden illustreert het **Skye Museum of Island Life** het leven zoals het vroeger was, met oude woningen en boerderijen. En tot slot is er nog **Fairy Glen**, een vredige, groene vallei, mysterieus en... weg van de drukte!
| *Skye Museum of Island Life: Kilmuir* | *www.skyemuseum.co.uk* | *Okt.-Pasen en zo. gesl.* | *Niet gratis.*

ⓒ DUNVEGAN CASTLE
dunvegancastle.com

Al 800 jaar lang leeft de clan van de MacLeod in dit victoriaanse kasteel. Een boot neemt je mee naar de zeehondenkolonie die in het loch leeft (£ 10).
| *Half okt.-Pasen gesl.* | *Niet gratis.*

ⓓ NEIST POINT
Het meest westelijke punt van het eiland | *Vrij toegankelijk*

Deze rotspunt met zijn wit-gele vuurtoren staat op heel veel ansichtkaarten. Parkeer je auto – het parkeerterrein staat vaak overvol – volg het pad en geniet van het uitzicht.

ⓔ TALISKER DISTILLERY
Carbost | *Niet gratis*

De beroemdste distilleerderij van het eiland, opgericht in 1830, is bekend om zijn karaktervolle whisky met turfsmaak. Tijdens het bezoek zie je de houten vaten en mag je ook proeven.
| *www.malts.com*

Quiraing

ⓕ CUILLIN HILLS

De Cuillin Hills, dat zijn The Red Cuillin, bleke, afgeplatte bergen, en The Back Cuillin, zwarte bergen met scherpe pieken. Stop op de Sligachan Bridge voor een machtig uitzicht op deze bergen. En wie hogerop wil en in deze bergen wil wandelen, wees voorzichtig: je hebt een degelijke uitrusting nodig en je moet enige ervaring hebben, want op heel wat plaatsen moet je meer klauteren dan wandelen.

ⓖ SLEAT PENINSULA
Armadale Castle: www.armadalecastle.com | April-okt. wo.-zo. | Niet gratis

Minder druk bezocht dan de rest van het eiland en bezoekers waarderen de rust op dit schiereiland. Las een pauze in in het kleine Isleornsay of bezoek het park van **Armadale Castle**, vroeger het kasteel van de clan MacDonald. Het kasteel is vervallen, maar de tuin is enorm groot, prachtig en je kunt hem bezoeken. Er is ook een museum.

De Fairy Pools, in de Cuillin Hills

ISLE OF SKYE

CAFÉS, LUNCHEN

❶ CAFE SIA
Ford Road, Broadford

'De ideale plek voor een in een houtoven gebakken pizza, een brunch of een warme chocolademelk. Alle locals kennen dit café.'
| Dag. 10.00-20.00 u
| Pizza's £ 9-15.

❷ DELI GASTA
The Old Mill, Harrapool, Broadford

• Een oude molen, omgebouwd tot café. Serveert artisanale gerechten die met lokale producten zijn bereid.
• Maakt de broodjes zelf.
| Dag. 9.00-17.00 u
| Broodjes £ 7-10,50, thee £ 2,60.

❸ CAFE ARRIBA
Quay Brae, Portree

• Kleurrijk, vrolijk café.
• Elke dag een ander menu, maar altijd te verkrijgen: *macaroni & cheese*, dagsoep en zelfgemaakte taarten.
| Di.-zo. 9.00-12.00 u en 14.00-16.00 u
| Macaroni & cheese vanaf £ 7,50.

Portree

❹ CAFE LEPHIN
Lephin, Glendale

• Aangenaam, klein café, niet ver van Neist Point.
• Hartelijk en vriendelijk, perfect voor een hapje voor of na de wandeling.
| Zo.-vr. 11.00-16.00 u
| Dagsoep £ 5, broodjes £ 6-8, gebak £ 3,50.

❺ THE SHED
Armadale

• Piepklein café, wie de veerboot neemt, haalt hier drankjes en snacks om mee te nemen.
• Pas op voor de gulzige meeuwen!
| Ma.-za. 9.00-17.00 u
| Snacks £ 3-6, fish & chips £ 10,50.

❻ JANN'S CAKES
46 Kilmuir, Dunvegan

• De specialiteit: chocoladetaarten.
• Erg populair en weinig zitplaatsen, maar je kunt het lekkers ook meenemen.
| Dag. 11.00-17.00 u
| Gebak £ 1,50-3,50.

ISLE OF SKYE
UIT ETEN, PUBS

Scorrybreac

⑦ THE CLAYMORE
5 Lower Harrapool, Broadford

- Uitstekende visgerechten en zeevruchten, maar serveert ook hamburgers...
- 's Avonds vaak concerten.
- Lokaal bier in de bar.

| Di.-za. 16.00-21.00 u
| Gerechten £ 13-15.

⑧ RED SKYE RESTAURANT
Breakish

- Restaurant in wat vroeger een schoolgebouw was.
- Probeer de met whisky bereide mosselen (£ 17).

| Dag. 12.00-14.30 u en 17.30-21.00 u | Dagsoep £ 5, hamburgers £ 13,50.

⑨ THE GRANARY
Somerled Square, Portree

- Een restaurant (gevarieerde lokale gerechten) en ook een coffeeshop, met broodjes en gebak.
- Heel fijn terras.

| Ma.-vr. 9.00-17.00 u | Gerechten £ 13-20, gebak £ 2,50-3.

⑩ THE ISLES INN
Somerled Square, Portree

- Rustige pub, een kaart die doet watertanden: jakobsschelpen, gerookte vis...
- 's Avonds veel sfeer (muziek, wedstrijden, enz.).

| Dag. 12.00-15.00 u en 17.00-21.00 u | Gerechten £ 10-25.

⑪ SCORRYBREAC
7 Bosville Terrace, Portree

- Dit kleine restaurant is het beste van het eiland.
- Moderne Schotse keuken, superlekker en creatief.
- Mooi uitzicht op de haven.

| Maart-okt. wo.-zo. 17.00-21.00 u | Res. een must | Eén menu £ 85.

ROUTE
ISLE OF SKYE - INVERNESS

- Verlaat Skye via de brug bij Kyle of Lochalsh en rijd verder naar Inverness.
- Een rit van 145 km met de auto, van Broadford tot Inverness, via de A890 (ca. 2 uur en 30 min., zonder tussenstops).

Ⓐ EILEAN DONAN CASTLE
Dornie, aan de A87 | www.eileandonancastle.com | Jan.-febr. gesl. | Niet gratis

Het kasteel staat op een eilandje en heeft een boeiende geschiedenis achter de rug. Het werd in de 13de eeuw gebouwd, was strategisch gelegen en werd tijdens de jakobijnenopstanden verwoest. Daarna werd het aan zijn lot overgelaten, tot het in 1912 naar de originele plannen werd heropgebouwd. Prachtige zalen met fraaie meubels. In 1986 is het gebruikt in de film *Highlander*. Een van de drukst bezochte kastelen van Schotland!

Het Eilean Donan Castle

① ALL THE GOODNESS COFFEE
Aird Point, Ardelve

- Kleurrijk café dicht bij een uitkijkpunt met uitzicht op Eilean Donan Castle.
- Onvoorstelbaar ruime keuze gebak!

| April-sept. vr.-zo. 9.00-15.30 u
| Thee £ 2,50, koffie £ 2,50-4.

② MUSEUM COFFEE SHOP
Old Victorian Station, Strathpeffer

- Een bijzonder café in een 19de-eeuws station. Met een klein museum over de stad, die ooit een kuuroord was.
- Vegetarische gerechten.

| Di.-zo. 10.00-17.00 u | Koffie £ 2-3.

Ⓑ PLOCKTON
Aan de A890

Ook wel 'de parel van de Highlands' genoemd. Een oud vissersdorp in een beschutte baai van Loch Carron. De charmante straatjes en de prachtige ligging lokken veel toeristen en zijn al vaak te zien geweest in films en tv-series. Je kunt meevaren met een excursieboot om zeehonden te spotten. De dieren doen het in deze omgeving erg goed.

| *Excursies om zeehonden te observeren: https://calums-sealtrips.com*

Plockton

INVERNESS EN LOCH NESS

VERDELING

We hebben de etappe opgesplitst in twee delen. Voor elk van de delen hoor je op zijn minst een halve dag uit te trekken:
1-Inverness
2-Loch Ness

NUTTIGE ADRESSEN EN RESERVEREN

Inverness iCentre VisitScotland: 36 High Street. Dag.

Inverness telt veel *hostels*, hotels en B&B's, maar in het hoogseizoen loopt het hier storm. Reserveer tijdig om de beste prijs te krijgen.

VERVOER

- **Te voet:** Inverness is een kleine stad, je kunt alles makkelijk te voet doen.

- **Met de auto:** om de omgeving van Inverness te verkennen en een rondje rond Loch Ness te maken, is de auto het meest praktische vervoermiddel. Trek een hele dag uit om Loch Ness volledig rond te rijden.

- **Met de bus:** busmaatschappij Stagecoach (stagecoachbus.com) verzorgt de lokale verbindingen vanuit Inverness (Nairn, Culloden, Fort George, enz.).
Citylink (www.citylink.co.uk) verzorgt de lijnen naar verdere bestemmingen, onder andere de bezienswaardigheden rond Loch Ness.

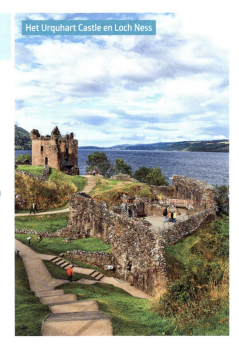
Het Urquhart Castle en Loch Ness

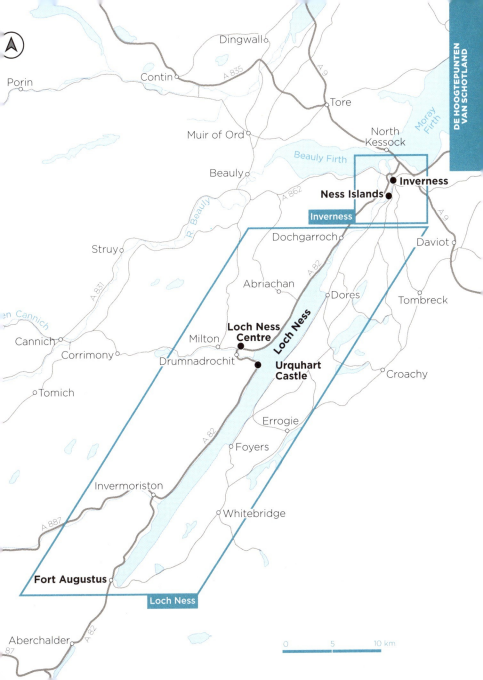

INVERNESS EN LOCH NESS
INVERNESS

Dit stadje aan de rivier de Ness is de hoofdstad van de Highlands en een belangrijke stopplaats voor iedereen die het noorden van Schotland verkent. De stad is makkelijk te bereiken, levendig en je vindt er een heleboel pubs, restaurants en supermarkten.

WAT BEZOEKEN EN DOEN?
- A Inverness Castle View Point
- B Inverness Museum & Art Gallery
- C St Andrews Cathedral
- D Ness Islands

UIT ETEN, PUBS, UITGAAN
1. The Mustard Seed
2. River House Restaurant
3. Velocity Cafe
4. Rocpool Restaurant
5. Hootananny
6. Johnny Foxes
7. Black Isle Bar
8. MacGregor's Bar

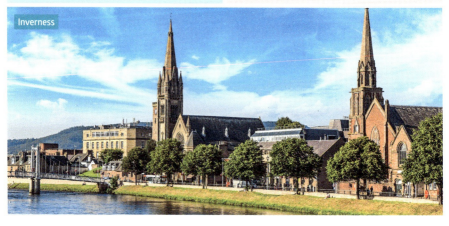

Inverness

INVERNESS EN LOCH NESS
WAT BEZOEKEN EN DOEN?

Ⓐ INVERNESS CASTLE VIEW POINT
Castle Road | De toren is voor onbepaalde tijd gesloten | Niet gratis

Het kasteel van Inverness is een imposant gebouw in rode zandsteen, gebouwd in 1834. Tot voor kort bood het onderdak aan de rechtbank en was het niet te bezoeken, behalve de toren. Boven geniet je van een prachtig 360°-panorama op de stad. Bewonder voor het kasteel ook het standbeeld van Flora MacDonald, ze hielp Bonnie Prince Charlie toen die in 1746 op de vlucht moest slaan.

Ⓑ INVERNESS MUSEUM & ART GAL.
Castle Wynd | Zo.-ma. gesl. | Gratis

Dit museum leert je alles over de geschiedenis van Inverness en de Highlands: geologie, archeologie (door de Picten gegraveerde stenen), fauna, geschiedenis, Gaelic als taal en cultuur, enz.

Ⓒ ST ANDREWS CATHEDRAL
Ardross St. | Gratis

De kerk werd in de 19de eeuw gebouwd met roze zandsteen uit de streek en is erg elegant. De twee torens flankeren het westelijke portaal. Binnen lonen de fraai bewerkte preekstoel, de eikenhouten koorstoelen en de mooie schilderijen met hun zachte kleuren, let vooral op het 15de-eeuwse *Maria met kind*. Maar de grootste trekpleister is het prachtige glas-in-loodraam boven de ingang: een van de grootste van Schotland en wat een kleuren!

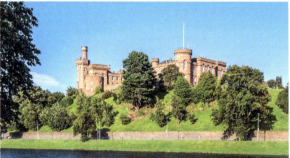

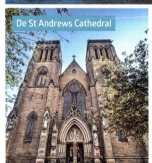

De St Andrews Cathedral

Ⓓ NESS ISLANDS
Vrij toegankelijk | 2 uur wandelen

Volg de rivier de Ness vanaf de kathedraal tot aan de eilandjes midden in de rivier. Ze worden door bruggen met elkaar verbonden en herbergen een bijzonder rijke fauna en flora!

INVERNESS EN LOCH NESS
INVERNESS UIT ETEN, PUBS, UITGAAN

❶ THE MUSTARD SEED
16 Fraser St.

- Modern designrestaurant dat trouw lokale gerechten blijft serveren.
- Probeer de *rib-eye steak* van een boerderij vlakbij.

| Dag. 12.00-14.30 u en 17.00-21.00 u | Lunchformule met 2 gangen £ 16.

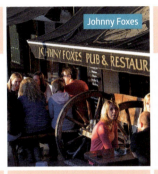
Johnny Foxes

❷ RIVER HOUSE RESTAURANT
1 Greig St.

- Aan de oever van de Ness, gespecialiseerd in zeevruchten.
- Ook vegetarische en vegan menu's.

| Di.-za. 15.00-21.00 u (in de winter gesl.) | Mosselen £ 17,25, gerechten £ 19-30.

❸ VELOCITY CAFE
1 Crown Ave

- Hipstercafé dat fietsen aanmoedigt!
- Voedzame salades met veel ingrediënten, mooie keuze zelfgemaakt gebak.

| Dag. 9.00-16.00 u (zo. 10.00 u), in de winter minder lang | Soepen £ 4, gerechten vanaf £ 6,50.

❹ ROCPOOL RESTAURANT
1 Ness Walk

- Werkt met uitstekende lokale producten, creatieve gerechten.
- Ga voor gebraden wild met haggis.

| Di.-za. 12.00-14.30 u en 17.30-21.45 u | Gerechten £ 18-36.

❺ HOOTANANNY
67 Church St.

- Het beste adres van Inverness voor livemuziek.

| Ma.-do. 17.00-0.30 u, vr. 17.00-3.00 u, za. 16.00-3.00 u, zo. 20.00-0.30 u | www.hootanannyinverness.co.uk voor het programma en de ticketprijzen.

❻ JOHNNY FOXES
26 Bank St.

- In Inverness een bekende naam in het uitgaansleven. Elke avond is er iets te doen.
- Voor de nachtclub moet je je identiteitskaart of paspoort laten zien.

| Dag. 12.00-2.00 u (za. tot 3.00 u) | Pint £ 4-5.

❼ BLACK ISLE BAR
68 Church St.

- De bar van de lokale brouwerij Black Isle.
- Waanzinnige selectie bieren, te zien op een scherm.

| Bar: dag. 12.00-24.00 u | Restaurant: ma.-do. 12.00-15.00 u en 17.00-21.30 u, vr.-zo. 12.00-22.00 u | Pint £ 4-5.

❽ MACGREGOR'S BAR
109 Academy St.

- Een recent adres dat erg in de smaak valt: een terras en 's avonds concerten.
- Organiseert vaak bier- en gindegustaties.

| Dag. 11.00-24.00 u (vr.-za. tot 1.00 u) | Pint £ 4-5.

INVERNESS EN LOCH NESS
LOCH NESS WAT BEZOEKEN, UIT ETEN

Het is het grootste zoetwaterreservoir van het land (40 km), maar Loch Ness is vooral bekend vanwege zijn monster: Nessie! De westelijke oever is toeristischer en daar vind je de belangrijkste bezienswaardigheden. Een volledig rondje rond het meer neemt een hele dag in beslag.

Ⓐ LOCH NESS CENTRE
Drumnadrochit, aan de A82

Ⓑ URQUHART CASTLE
Aan de A82 | Res. aanbevolen: ✆ 01456 450 551 | Niet gratis

Dit ietwat oubollige museum tekent getuigenissen op van 'zij die Nessie gezien hebben' en licht de legende toe. Grote museumwinkel (pas op, de souvenirs zijn niet *made in Scotland*).
| www.lochness.com | Niet gratis.

Een middeleeuws kasteel, gebouwd in de 13de eeuw en in de 17de eeuw verlaten. Nu is het een prachtige ruïne. Je ziet meteen het strategische belang van deze plek. Wie Urquhart in handen had, controleerde de toegang tot het meer en tot de Highlands. Er zijn bootexcursies waarbij je ook het kasteel bezoekt.
| Met Jacobite per boot bereikbaar via Loch Ness: www.jacobite.co.uk
| Excursies van 1 of 2 uur | Niet gratis.

Het Urquhart Castle

Ⓒ FORT AUGUSTUS

Een charmant dorpje (met in de zomer veel toeristen!) aan het meest zuidwestelijke punt van Loch Ness. Het dorp is vermaard vanwege zijn uitzicht op het meer en vanwege het Caledonian Canal, waarop plezierboten varen. Kijk hoe ze via de vijf sluizen naar het niveau van Loch Ness worden getild.

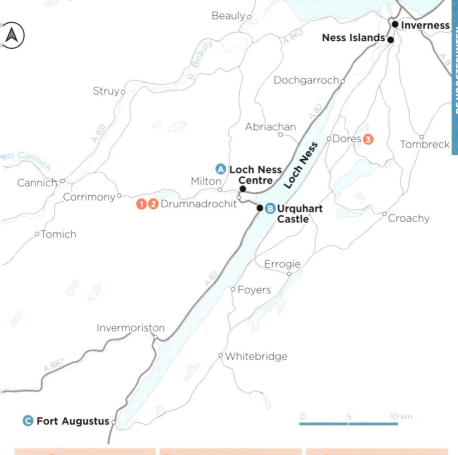

① NESS DELI
The Village Green, Drumnadrochit

- Leuk café met een groot terras.
- Broodjes en gebak, veel Britse klassiekers.

| Dag. 9.30-16.00 u | Ontbijt £ 3-9, gerechten minder dan £ 10.

② FIDDLERS HIGHLAND RESTAURANT
Main St., Drumnadrochit

- Grote pub met erg uitgebreide kaart: grillgerechten, salades, hamburgers, enz.
- Probeer de Schotse, met whisky gemarineerde zalm.

| Di.-za. 12.30-14.30 u en 17.30-21.00 u, zo.-ma. 17.30-21.00 u; half nov.-half maart gesl. | Gerechten £ 16-30.

③ THE DORES INN
Aan de B852, Dores

- Pub die uitstekend gelegen is, vlak aan Loch Ness.
- Klassieke pubgerechten (hamburgers, macaroni).

| Wo.-zo. 12.00-22.00 u | Gerechten £ 10-30.

DAGEXCURSIE VANUIT INVERNESS

IN HET SPOOR VAN DE SCHOTSE GESCHIEDENIS

- Met de auto, de afstand tussen Inverness en Fort George bedraagt 35 km (45 min. tot 1 uur, zonder tussenstops).

A CULLODEN BATTLEFIELD
10 km ten oosten van Inverness | Nov.-april, ma.-di. gesl.; Kerstmis-half jan. gesl. | Slagveld gratis | Museum niet gratis | Audiogids

16 april 1746, de Slag bij Culloden, het einde van de jakobietenopstanden en de gloriedagen van Bonnie Prince Charlie. Het bezoekerscentrum is modern en een immersieve ervaring. Het speelt een film waarbij jij midden op het legendarische slagveld staat. Her en der op het slagveld staan gedenkmonumenten en stenen gewijd aan de clans die bij deze nederlaag zware verliezen hebben geleden.

Gedenksteen op het slagveld bij Culloden gewijd aan de clan MacKintosh

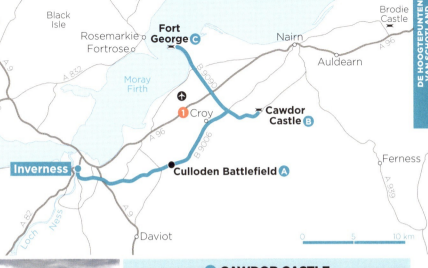

CAWDOR CASTLE
www.cawdorcastle.com | Eind april-begin okt. (buiten het seizoen enkel na reservering) | Niet gratis

Gebouwd in de 14de eeuw, maar het huidige uiterlijk dateert uit de 16de eeuw. Vertrekken met mooie interieurs waar hedendaagse kunst broederlijk naast de collecties oude kunst hangen van de gravin van Cawdor, Angelika, die nu nog in het kasteel woont. Maar tegenwoordig wordt het kasteel vooral bezocht vanwege de immense tuinen.

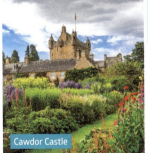

Cawdor Castle

FORT GEORGE
12 km ten westen van Nairn | Res. aanbevolen: © 01667 460 232 | Niet gratis

Het artilleriefort werd in 1746, na de Slag bij Culloden, gebouwd op een uitstekend stuk land om de toegang tot de baai van Inverness te beschermen. Je vindt er een museum dat uitleg geeft over de geschiedenis van het fort. Maak een mooie, 1 km lange wandeling over de verdedigingsmuren en geniet van het landschap.

ANTA CAFÉ
MacKinnon Drive, Croy

- Erg trendy café van Anta, een Schotse interieur- en designontwerper.
- 100% Schots en tegelijk modern!

| Dag., in de winter 9.00-16.00 u, in de zomer 9.00-18.00 u.

ROUTE INVERNESS - PITLOCHRY

- Een rit van 250 km (ca. 4 uur, afhankelijk van het verkeer, zonder tussenstops).
- In het noorden volg je een deel van de Malt Whisky Trail (www.maltwhiskytrail.com), een route door de vallei van de Spey langs 8 distilleerderijen en 1 kuiperij. Volg de bruine borden en bezoek de adressen die jou het meest aanspreken!
- Kies één distilleerderij uit als je het aantal kilometers en de reistijd wilt beperken.

Ⓐ SPEYSIDE COOPERAGE
Dufftown Road, Craigellachie

In de kuiperij zie je de vakkundige kuipers aan het werk. Per jaar verkopen ze meer dan 150.000 vaten aan de whisky-industrie.
| www.speysidecooperage.co.uk
| Ma.-vr., rond Kerstmis 4 weken gesl. | Niet gratis.

Ⓑ THE GLENFIDDICH DISTILLERY
Dufftown

De familie Grant startte deze distilleerderij in 1886 en is nog altijd eigenaar. De alambieken, het water, enz., alles is nog hetzelfde. Dit is wereldwijd de bekendste single malt.
| www.glenfiddich.com | Niet gratis.

Ⓒ THE GLENLIVET DISTILLERY
Ballindalloch

Deze distilleerderij was eerst illegaal en startte officieel in 1824. Het bezoek aan de moderne gebouwen is leerrijk en eindigt met het proeven van drie whisky's.
| www.theglenlivet.com | Niet gratis.

Ⓓ ROYAL DEESIDE

In deze mooie vallei tussen Braemar en Ballater, aan de oever van de rivier de Dee, kwam koningin Victoria met vakantie, het begin van een koninklijke traditie.

Ⓔ BALMORAL CASTLE
April-begin aug. (okt.-dec. na res.)

Elizabeth II was dol op dit kasteel, in 1852 door de Kroon gekocht. Ze overleed er op 8 september 2022. Binnen valt niet veel te zien, maar de tuinen lonen de omweg.
| www.balmoralcastle.com
| Niet gratis.

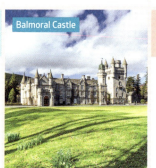
Balmoral Castle

Ⓕ THE BOTHY BRAEMAR
Invercauld Road, Braemar

- Mooi café, op de kaart veel verse en lokale producten.
- Versierd met Schotse landschappen.
| Dag. 9.00-17.30 u
| Ontbijt £ 11, broodjes £ 6,50-9,50, salades £ 8-9,50.

PITLOCHRY EN OMGEVING

Pitlochry is niet te groot en niet te klein, een prima uitvalsbasis om Perthshire te doorkruisen of, meer naar het noorden, het nationaal park Cairngorms te verkennen. In de 19de eeuw was Pitlochry een toeristische bestemming en het heeft nog altijd de charme van toen.

WAT BEZOEKEN EN DOEN?

- **A** Pitlochry
- **B** Fish Ladder
- **C** Edradour Distillery
- **D** Queen's View
- **E** Blair Castle

VERVOER

Te voet : Pitlochry is klein, je kunt alles makkelijk te voet doen.
Met de auto: het handigste vervoermiddel om Perthshire te verkennen.

UIT ETEN, CAFÉS, WINKELS

1. Escape Route Cafe
2. Cafe Biba
3. Port-na-Craig Restaurant
4. Heathergems
5. Fern Cottage Restaurant
6. Knockendarroch
7. Moulin Inn
8. Habitat Café
9. Three Lemons
10. Blair Atholl Watermill

NUTTIGE INFORMATIE

Pitlochry iCentre VisitScotland:
22 Atholl Road. Zo. gesl.

Wandelen: voor wandeltochten in de regio, raadpleeg www.walkhighlands.co.uk of https://visitcairngorms.com

Show: in oktober organiseert Pitlochry The Enchanted Forest, een buitengewone klank- en-lichtshow midden in het bos die absoluut de omweg waard is. Denk erom dat je je kaartjes ruim van tevoren moet reserveren: www.enchantedforest.org.uk

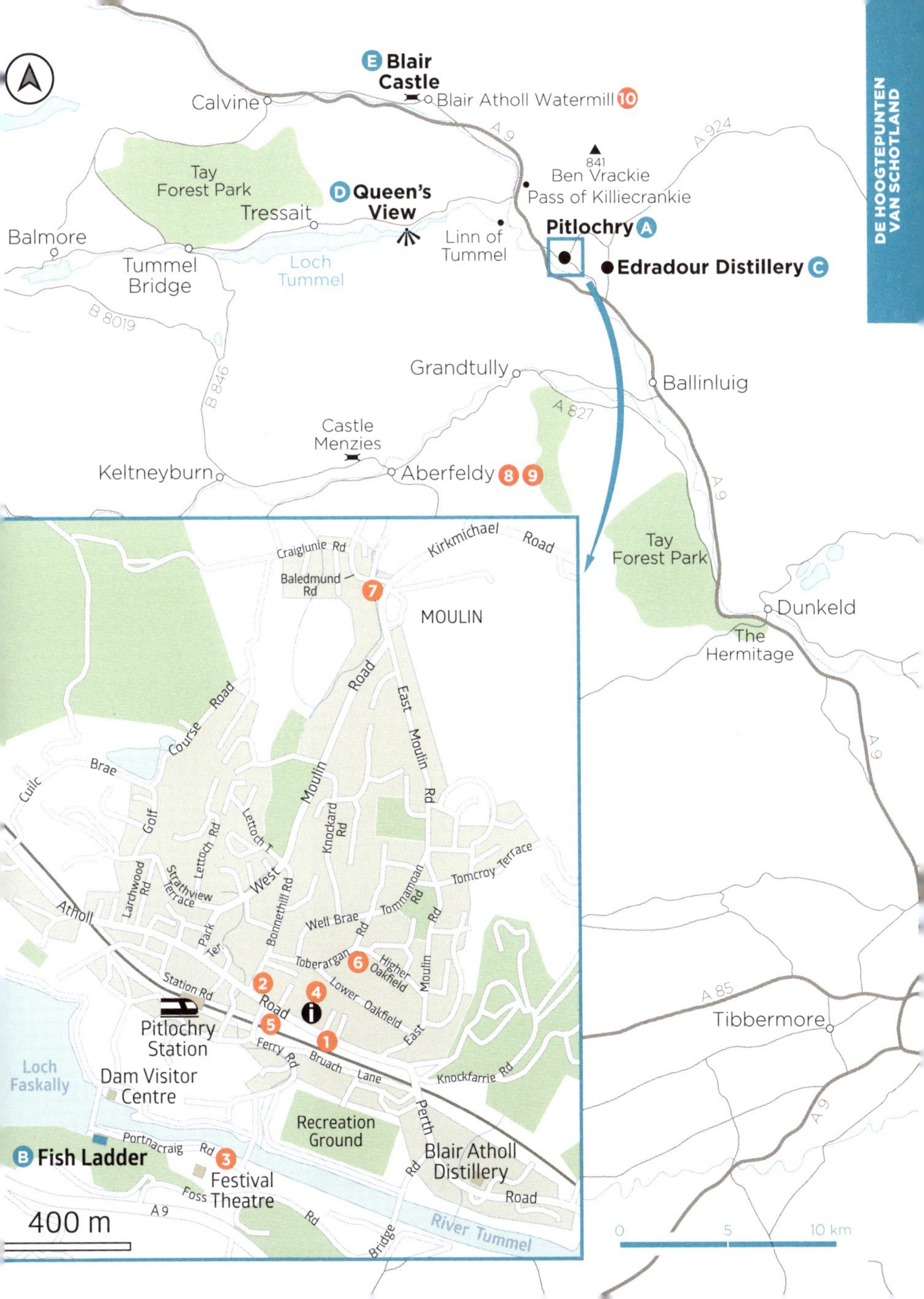

DE HOOGTEPUNTEN VAN SCHOTLAND

- E Blair Castle
- Blair Atholl Watermill 10
- Calvine
- Tay Forest Park
- Tressait
- D Queen's View
- Ben Vrackie 841
- Pass of Killiecrankie
- Linn of Tummel
- **Pitlochry** A
- Edradour Distillery C
- Balmore
- Tummel Bridge
- Loch Tummel
- Grandtully
- Ballinluig
- Castle Menzies
- Keltneyburn
- Aberfeldy 8 9
- Tay Forest Park
- Dunkeld
- The Hermitage
- Tibbermore

Pitlochry (inset map)

- Craiglunie Rd
- Kirkmichael Road
- Baledmund Rd 7
- MOULIN
- Course Road
- Golf Course Road
- Brae
- Cuilc Brae
- Larchwood Rd
- Strathview Terrace
- Lettoch Rd
- Lettoch T
- Park Ter
- West Moulin Road
- Bonnethill Rd
- Knockard Rd
- Well Brae
- East Moulin Rd
- Tomnacroy Terrace
- Tomnaman Rd
- Toberargan Rd 6
- Higher Oakfield
- 2
- 4
- Lower Oakfield
- East Moulin
- Atholl Road
- Station Rd
- Pitlochry Station
- 5
- Ferry Rd
- 1 Bruach Lane
- Knockfarrie Rd
- Perth Rd
- Loch Faskally
- Dam Visitor Centre
- B **Fish Ladder**
- Portnacraig Rd
- 3 Festival Theatre
- Foss Rd
- Recreation Ground
- Blair Atholl Distillery
- Bridge Rd
- River Tummel

400 m

0 5 10 km

PITLOCHRY EN OMGEVING

WAT BEZOEKEN EN DOEN?

Ⓐ PITLOCHRY

Dit grote dorp heeft goede verbindingen met de grote steden en dat is handig voor wandelaars en reizigers. Een goed vertrekpunt voor grote boswandelingen in Perthshire.

Ⓑ FISH LADDER
Armoury Road, Pitlochry | Ma.-di. gesl. | Gratis

De 'zalmtrap' bij de waterkrachtcentrale maakt dat de vissen naar hun paaigronden kunnen zwemmen. Een teller geeft aan hoeveel zalmen er dat jaar zijn langsgekomen. Mooi bezoekerscentrum.

Ⓒ EDRADOUR DISTILLERY
Pitlochry | Tijdelijk gesloten

In deze kleine distilleerderij kun je alle productiestappen van de whisky zien. Hier produceren ze in één jaar evenveel als de grote distilleerderijen in een paar dagen.
| www.edradour.com

Ⓓ QUEEN'S VIEW
Aan de B8019 | Vrij toegankelijk

Een heel mooi uitkijkpunt op Tay Forest Park en Loch Tummel. Tip: kom in de late middag langs, dan zijn de toeristenbussen weer vertrokken.

Ⓔ BLAIR CASTLE
Nov.-maart gesl. | Niet gratis

Dankzij de witte muren zie je Blair Castle al van ver. Het is het kasteel van de hertogen van Atholl. Prachtig ingerichte vertrekken, elk in hun eigen stijl.
| www.blair-castle.co.uk

Queen's View

De Edradour Distillery

PITLOCHRY EN OMGEVING

UIT ETEN, CAFÉS, WINKELS

❶ ESCAPE ROUTE CAFE
3 Atholl Road, Pitlochry

- Café ingericht met fietsen en meubels van gerecycled hout. En met een houtkachel.
- *Scottish breakfast*, broodjes, soepen, enz.

| Dag. 9.00-15.30 u | Ontbijt £ 10, soepen £ 5, soep & toast £ 9.

❷ CAFE BIBA
40 Atholl Road, Pitlochry

- Sober café met goede prijs-kwaliteitverhouding.
- Eenvoudige, efficiënte kaart: pasta, pizza, soep, broodjes, hamburgers.

| Dag. 10.00-20.00 u (in de winter tot 17.00 u) | Gebak £ 3, thee £ 2,50.

❸ PORT-NA-CRAIG RESTAURANT
Port-na-Craig Road, Pitlochry

- Prachtig gegarneerde borden. Lekker, eenvoudig en stijlvol.
- Op de kaart: verschillende pastagerechten met lokaal gerookte zalm.

| Dag. 11.00-22.00 u
| Gerechten £ 15-30.

❹ HEATHERGEMS
22 Atholl Road, Pitlochry

- Winkel met sieraden gemaakt van brem die gedroogd, geverfd en dan bewerkt is.
- Je kunt de ambachtslui aan het werk zien.

| Dag. 9.00-17.00 u
| Accessoires vanaf £ 15.

Atholl Road in Pitlochry

Luchtfoto van Pitlochry

⑤ FERN COTTAGE RESTAURANT
Ferry Road, Pitlochry

- Culinaire kruisbestuiving tussen Schotland en de Middellandse Zee.
- Schotse kebabs, wildfilet met whisky... waarom niet?

| Dag. 11.30-21.00 u
| Gerechten £ 15-23.

⑥ KNOCKEN-DARROCH
Higher Oakfield, Pitlochry

- Restaurant van het hotel, modern en hoogstaand.
- Driegangenmenu met veel aandacht voor lokale gerechten (*Highland beef*).

| Res. verplicht ✆ 1796 473 473
| Menu £ 49.

⑦ MOULIN INN
11 Kirkmichael Road, Moulin, Pitlochry

- Verschillende keren bekroond als beste pub van Schotland.
- Open haard, natuursteen, enz. Proef het lokale bier en eet er een dampende haggis bij.

| Dag. 9.00-21.00 u ('s avonds moet je reserveren) | Gerechten £ 12-17.

⑧ HABITAT CAFÉ
The Square, Aberfeldy

- In een schattig dorpje, het adres voor koffie en chocolade.
- De lunchkaart doet je watertanden.

| Dag. 11.00-16.00 u (naargelang het seizoen afwijkingen mogelijk)
| Salade & broodje £ 9-10.

⑨ THREE LEMONS
32 Dunkeld St., Aberfeldy

- Mooi restaurant, geïnspireerd op de molen die hier vroeger stond.
- Italiaans en Schots: pizza's, hamburgers, schelvis, enz.

| Wo.-zo. 12.00-15.00 u en 17.00-21.00 u | Gerechten £ 10-18, pizza's tot £ 16.

⑩ BLAIR ATHOLL WATERMILL
Ford Roa, Blair Atholl

'Deze bakkerij is gehuisvest in een watermolen uit 1590! Ik ben dol op het gebak, de *scones* en het brood, gemaakt met meel dat hier is gemalen!'

| Dag. 9.30-15.30 u
| Soepen £ 4,50, bagels £ 5,60.

DAGEXCURSIE VANUIT PITLOCHRY

NAAR DE KUST VAN ABERDEENSHIRE

- Met de auto, een rit van 140 km (ca. 2 uur en 10 min., zonder tussenstops).

A GLAMIS CASTLE

www.glamis-castle.co.uk | April-okt. dag.; nov.-half dec. do.-zo.; half jan.-maart za.-zo.; half dec.-half jan. gesl. | Niet gratis

Een van de mooiste kastelen van Schotland... waarin veel spoken rondwaren! Het werd gebouwd in 1376 en was de thuisbasis van de hertogen van Strathmore en Kinghorne. De moeder van Elizabeth II is hier geboren, net zoals haar zus Margaret, vandaar de 'koninklijke' tentoonstellingen. Tijdens het bezoek krijg je een idee van hoe Schotse aristocraten leven. Als toetje krijg je er de mooie tuin bovenop.

B KIRRIEMUIR

Het dorp is bekend vanwege één huis: dat van **J. M. Barrie**, de schrijver van *Peter Pan*. Hij werd er geboren en bracht er zijn kindertijd door. Een tentoonstelling doet het leven van de schrijver uitgebreid uit de doeken. Het huis is erg goed bewaard en verschaft inzicht in hoe het dagelijkse leven van een Schots gezin er in de 19de eeuw uitzag.
| *J M Barrie's Birthplace:* 9 Brechin Road | Di.-do. en nov.-half april gesl. | Niet gratis.

C STONEHAVEN

Charmante oude havenstad met oude gebouwen, o.a. het **Tolbooth Museum** en een oude gevangenis die nu een historisch museum is.
| *Tolbooth Museum:* Old Pier | www.stonehaventolbooth.co.uk | Vr.-ma.: 's namiddags | Gratis.

❶ THE TOLBOOTH SEAFOOD
Harbour, Old Pier, Stonehaven

- Verfijnd restaurant, mooi gepresenteerde gerechten.
- Mooi uitzicht op de haven.
- Lekkers uit de zee.

| Zomer: di.-zo. 12.00-14.00 u en 18.00-21.00 u; winter: wo.-za. 12.00-14.00 u en 18.00-21.00 u, zo. 12.00-15.00 u | Tweegangenmenu £ 22.

D DUNNOTTAR CASTLE

Ca. 3 km ten zuiden van Stonehaven, via de A92 | www.dunnottarcastle.co.uk | Niet gratis

Het kasteel prijkt boven op een klif en is talloze keren verwoest en heropgebouwd. Nu is het vervallen, maar er hangt een heerlijk romantische sfeer. Binnen de ringmuur staat een vijftiental gebouwen uit de 13de tot de 16de eeuw en die vertellen de geschiedenis van Schotland. Maar je kunt ook gewoon stoppen om een foto te maken, zonder het kasteel te bezoeken.

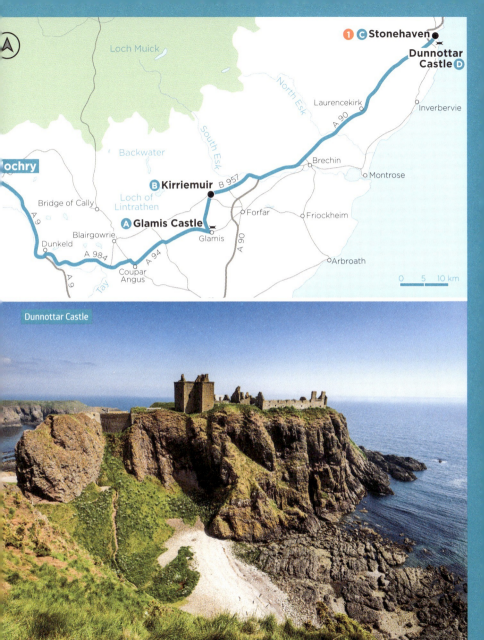

Dunnottar Castle

ROUTE PITLOCHRY - EDINBURGH

• Een autorit van ca. 125 km (ca. 2 uur en 20 min., zonder tussenstops).

Ⓐ DUNKELD

In dit dorp stonden de jakobieten en het Britse leger in 1689 tegenover elkaar. Mooi gerenoveerde 18de-eeuwse huizen. De kathedraal (gratis toegang) is erg ontroerend.

❶ ARAN BAKERY
2 Atholl St., Dunkeld

• Bakkerij gerund door de winnaar van een bakwedstrijd op tv.
• Perfect voor een korte, zoete pauze.
| Di.-za. 9.30-15.30 u
| Cakes vanaf £ 4.

Ⓑ THE HERMITAGE
Aan de A9 | Betaald parkeren

Deze wandeling (2 uur) door de bossen werd populair in de victoriaanse tijd. Onderweg kom je langs imposante bomen, kleine heiligdommen en romantische bruggen.

Ⓒ SCONE PALACE
www.scone-palace.co.uk
| Nov.-maart gesl. | Niet gratis

Dit paleis uit 1808 is nauwelijks veranderd sinds het bezoek van koningin Victoria in 1842. Vlakbij stond de Stone of Destiny waarop de Schotse koningen tot 1651 werden gekroond.

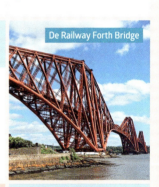
De Railway Forth Bridge

Ⓓ PERTH

Ooit de hoofdstad van de Schotse koningen, nu een ingedommeld dorp. De **Art Trail** volgt de rivier en laat je kennismaken met originele sculpturen.

❷ THE NORTH PORT RESTAURANT
8 North Port, Perth

• Gezellig interieur met veel hout.
• De kaart is 100% Schots, lokaal en goedkoop.
• Proef de gerookte schelvis.
| Di.-za. 12.00-14.30 u en 17.00-21.30 u | Tweegangenmenu £ 20, driegangenmenu £ 23.

Ⓔ SOUTH QUEENSFERRY

Vanuit dit dorp aan de rivier de Forth zie je drie majestueuze bruggen: de **Railway Forth Bridge** (1890), de rood geschilderde spoorwegbrug, en twee autobruggen, uit de 20ste en de 21ste eeuw.

DE HOOGTEPUNTEN VAN SCHOTLAND

IN EN ROND EDINBURGH

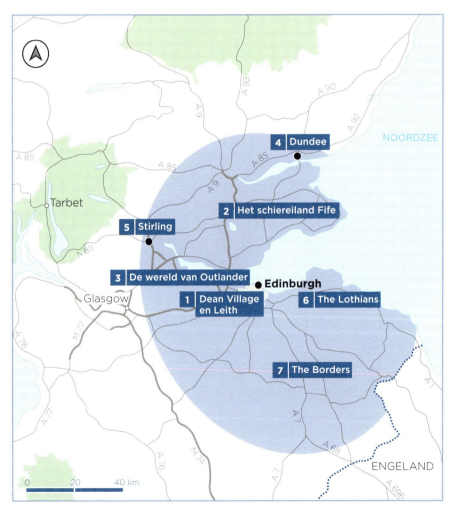

Met het centrum van Edinburgh ben je makkelijk twee tot drie dagen zoet (zie blz. 46). Als je de hoofdstad van Schotland hebt verkend en je wilt graag wat uitgebreider van Schotland proeven en je niet al te ver verplaatsen, dan zijn dit zeven ideeën voor excursies in de buurt. Wat mag je verwachten? De Schotse kust, kastelen, charmante dorpen, mysterieuze abdijen...

> Je kunt alle bestemmingen in de omgeving van de hoofdstad in één dag bezoeken, ook met het openbaar vervoer (tenzij anders vermeld). Als je je met de trein of de bus verplaatst, kun je de dienstregelingen raadplegen op www.travelinescotland.com

1 | Dean Village en Leith

Het westen en noorden van Edinburgh

2 | Het schiereiland Fife

Kustdorpen

3 | De wereld van *Outlander*

In de voetsporen van Claire en Jamie

4 | Dundee

Cultuur in de zonnigste stad van Schotland

5 | Stirling

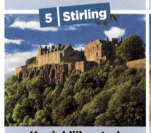

Koninklijke stad en toegangspoort tot de Highlands

6 | The Lothians

Natuur en avontuur

7 | The Borders

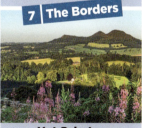

Het Schotse grensgebied

IN EN ROND EDINBURGH

IN EN ROND EDINBURGH | DAG 1

DEAN VILLAGE EN LEITH
HET WESTEN EN NOORDEN VAN EDINBURGH

- Een bezoek aan de meer afgelegen wijken van de hoofdstad: start in het westen met het pittoreske Dean Village (30 min. wandelen vanaf Castle Rock); dan volgt Stockbridge, een chique buurt met veel winkels. Wandel daarna langs het water naar het noorden (45 min.) tot in de hippe havenwijk Leith.
- Bussen naar Dean Village: lijnen 19, 36 en 41; bussen naar Leith: lijnen 11, 22, 35 en 36.

PRAKTISCHE INFORMATIE

Buskaartje: houd pasmunt bij de hand om een enkeltje (£ 1,80) of een dagpas (£ 4) te kopen of betaal 'contactloos' met je bankpas (per dag kan er maximaal £ 4 aangerekend worden). Pas op voor bankkosten in het buitenland.
Mobiele app: 'Transport for Edinburgh' geeft je de dienstregeling en de route die de bussen volgen.

Dean Village

Ⓐ DEAN VILLAGE

Dean Village ligt aan de oever van de rivier Water of Leith en werd gesticht door de kanunniken van de abdij van Holyrood. Het dorp telde elf watermolens en die maalden meel. Nu kom je hier voor de natuurstenen huizen uit de 17de eeuw en vooral voor het wonderlijke Well Court, een woonblok voor arbeiders met een horlogetoren, eind 19de eeuw gebouwd door een filantroop.

❶ CAIRNGORM COFFEE
1 Melville Pl.

- Een café met veel troeven: veel licht, originele theepotten, heerlijke cakes, enz.
| *Dag. 8.30-16.30 u (za.-zo. vanaf 9.00 u) | Warme dranken £ 2,50-3,50, broodje & soep £ 7.*

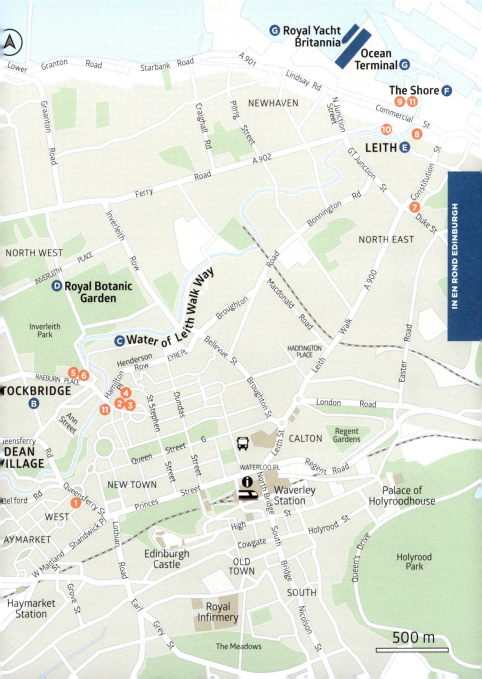

IN EN ROND EDINBURGH | DAG 1
DEAN VILLAGE EN LEITH
WAT BEZOEKEN, UIT ETEN

❶ STOCKBRIDGE

Deze trendy wijk is vooral in trek vanwege de markten, de brunches die ze hier serveren, de kunstgaleries en de *charity shops,* kleurrijke tweedehandswinkels. Ontdek de mooie huizen in Anne Street en neem, als je tijd hebt, zeker ook een kijkje in Circus Lane, voor de lage, overvloedig met bloemen versierde huizen.

❷ SHEILA FLEET
18 Stephen St.

'Juwelen van de Orkneys. Sheila Fleet maakt verfijnde, door de Keltische cultuur geïnspireerde sieraden: oorringen, hangers, broches, enz.'
| Ma.-za. 10.0-17.30 u, zo. 11.00-17.00 u.

❸ THE PANTRY
1 North West Circus Pl.

'Ik ga er om te brunchen, vooral de wafels zijn heerlijk, belegd met massa's lokale producten! En bij mooi weer smul ik ervan op het kleine terras.'
| Dag. 9.00-16.00 u
| Brunch £ 9,50-11.

Stockbridge

❹ THE ANTIQUARY BAR
72-78 Stephen St.

• *Old-fashioned* pub in een kelderverdieping waar in 35 jaar niets is veranderd!
• Wo.- en za.-avond quiz, do. live folkmuziek om 20.30 u.
| Ma.-di. 16.00-23.00 u, wo. 14.00-24.00 u, do.-vr. 12.00-1.00 u, za. 11.00-1.00 u.

❺ OXFAM MUSIC
64 Raeburn Pl.

• Voor wie een bijzonder souvenir zoekt: een droom voor vinylverzamelaars!
• De inkomsten gaan naar Oxfam, de organisatie die armoede bestrijdt.
| Ma.-za. 10.00-17.00 u (do. tot 19.30 u), zo. 13.00-17.00 u.

❻ THE STOCKBRIDGE TAP
6 Raeburn Pl.

• Mooie, lichte pub, een interieur met veel hout.
• Je kunt er ook eten.
| Dag. 13.00-23.00 u
| Pint £ 4-12.

Serre in de Royal Botanic Garden

C WATER OF LEITH WALK WAY
Verschillende toegangspunten: ter hoogte van de Gallery of Modern Art, in Stockbridge, bij de Royal Botanic Garden, The Shore, enz. | *Gratis*

Dit wandelpad is 19 km lang. Het start in Balerno, ten zuidwesten van Edinburgh, en eindigt in de haven van Leith. Wij stellen voor dat je via dit pad van Dean Village naar Leith wandelt (ca. 2 uur). Je volgt de rivier Water of Leith en kunt overal waar je wilt halthouden. Deze wandeling loopt langs de waterkant en tegelijk ben je in het hart van de stad. Ze maakt je rustig en sereen.

E LEITH

De haven van Edinburgh is een levendige volksbuurt met cafés, galeries en een rijk verenigingsleven. In de haven hebben handel en industrie altijd centraal gestaan.

F THE SHORE
Aan de kades

De oude kades verloren hun functie toen er dokken werden gebouwd die grote schepen konden ontvangen, maar ze zijn mooi opgeknapt en nu vind je hier hippe cafés en uitstekende restaurants.

D ROYAL BOTANIC GARDEN

De tuin is de inwoners van Edinburgh erg dierbaar. Hij werd in het begin van de 19de eeuw aangelegd en in de tuinen staan in totaal bijna 100.000 planten. Onze favoriete plekken zijn de victoriaanse serre met palmbomen, de Chinese tuin en de oude moestuinen. Je vindt er ook een kunstgalerie, een restaurant en twee cafés.
| *Arboretum Pl.* | *www.rbge.org.uk* | *Gratis (serres tijdelijk gesloten).*

IN EN ROND EDINBURGH | DAG 1
DEAN VILLAGE EN LEITH
WAT BEZOEKEN, UIT ETEN

ⓖ OCEAN TERMINAL EN ROYAL YACHT BRITANNIA
Ocean Drive | www.oceanterminal.com

Ocean Terminal is een modern winkelcentrum met een grote bioscoop, restaurants en tientallen winkels. Voor de deur ligt de luxueuze *Britannia* afgemeerd, van 1953 tot 1997 het **jacht van koningin Elizabeth II**. Je kunt het bezoeken, een goede audiogids (2 uur) leidt je door de koninklijke vertrekken en de kajuiten van het personeel.

| *Royal Yacht Britannia:* kassa op de 2de etage van Ocean Terminal | www.royalyachtbritannia.co.uk | Niet gratis.

❼ THE LIONESS OF LEITH
21-25 Duke St.

- Gezellige, leuk ingerichte pub, met houten tafels, kaarsen en flipperkasten.
- Lokale bieren en lekkere cocktails.

| Ma.-do. 16.00-1.00 u, vr.-zo. 13.00-1.00 u | Cocktails £ 7-9.

❽ RESTAURANT MARTIN WISHART
54 Shore

- Adres voor fijnproevers, de Schotse chef is een rijzende ster.
- Gerechten met Aziatische en Franse toetsen.

| Wo.-za. 12.00-13.30 u en 18.30-22.00 u | Op weekdagen lunchmenu £ 75.

Teuchters Landing

❾ TEUCHTERS LANDING
1 Dock Pl.

- Vrolijke bar waar 90 whisky's de strijd aangaan met tientallen biersoorten en Schotse gins.
- Veranda met veel licht en een terras.

| Dag. 9.15-1.00 u | Hamburgers £ 10-15, whisky's vanaf £ 4.

❿ ROSELEAF BAR CAFE
23-24 Sandport Pl.

'De pub is versierd met hoeden en is de gezelligste van de buurt. Ga er 's avonds eten (de keuken is uitstekend) en proef enkele van de vele bieren!'

| Dag. 10.00-23.00 u (zo. tot 24.00 u) | Vissoep £ 7-10.

⓫ DE MARKTEN VAN STOCKBRIDGE EN LEITH

Deze twee wijkmarkten pakken uit met lokale kunstnijverheid en verrukkelijke culinaire specialiteiten: gerookte mosselen, pannenkoeken, verschillende soorten honing en olie, broodjes, enz. Het is heerlijk om er rond te dwalen en een praatje te maken met de ambachtslui en de producenten.

| *Stockbridge Market:* op de hoek van Glanville St. en Saunders St. | Zo. 10.00-16.00 u.
| *Leith Market:* Dock Pl. | Za. 10.00-16.00 u.

De kades van Leith

IN EN ROND EDINBURGH

IN EN ROND EDINBURGH | DAG 2
HET SCHIEREILAND FIFE
KUSTDORPEN

- De zuidkust van Fife telt een heleboel bijzonder pittoreske, kleine havendorpen. Tegenwoordig zijn vooral de kunstgaleries en de cafés erg in trek. St Andrews is een bedevaartsoord voor golfliefhebbers.
- Voor meer informatie over de dorpen in de regio: https://fifecoastandcountrysidetrust.co.uk
- Het Fife Coastal Path, dit kustpad kun je te voet volgen, maar ook met de auto.
- www.welcometofife.com: informatie over de streek, evenementenkalender (in het Engels).

Pittenweem

VERVOER OP HET SCHIEREILAND FIFE

Met de auto: de wegen zijn goed onderhouden.
Met de trein: goede verbindingen van Edinburgh naar Leuchars (St Andrews), Dunfermline, Aberlour, enz.
Met de bus: bussen van Stagecoach van Edinburgh naar Culross, Dunfermline, Elie, St Andrews, Cupar. Dagpas: £ 11,50.
Tip: als je deze regio met het openbaar vervoer verkent, kun je er beter twee dagen voor uittrekken.

EEN BEETJE GESCHIEDENIS

Al eeuwenlang komen pelgrims bidden bij het stoffelijk overschot van Saint Andrew, de patroonheilige van Schotland. Het vruchtbare schiereiland Fife, door de Schotten liefdevol 'The Kingdom' (het koninkrijk) genoemd, was de graanschuur van het land en bezat een van de drukste havens.

IN EN ROND EDINBURGH | DAG 2
HET SCHIEREILAND FIFE
WAT BEZOEKEN, UIT ETEN

Ⓐ ELIE

Wandel langs het lange strand en bewonder het dorp vanaf de overkant van de baai. Je vindt er ook een watersportcentrum (Elie Watersports).

Ⓑ ANSTRUTHER

Dit dorp is iets groter dan Elie. Het **Scottish Fisheries Museum** belicht de geschiedenis van de visvangst in Schotland. Neem in de zomer een boot naar het **Isle of May** en bewonder er papegaaiduikers en andere Schotse vogels.
| *Scottish Fisheries Museum: St Ayles, Harbourhead* | *Di. gesl.* | *Niet gratis.*
| *Excursies naar het eiland May: met Isle of May Boat Trips (www.isleofmayboattrips.co.uk) of Anstruther Pleasure Cruises (www.isleofmayferry.com)* | *Aleen april-sept.* | *Niet gratis.*

❶ ANSTRUTHER FISH BAR
42-44 Shore St., Anstruther

- Bekroond voor zijn *fish & chips*, en terecht!
- De sfeer van een Amerikaanse *diner*, eenvoudig en vlug.

| *Dag. 11.30-21.00 u (vr.-za. tot 21.30 u)* | *Fish & chips om mee te nemen £ 9,30, ter plaatse eten £ 13.*

Crail

❷ THE COCOA TREE SHOP
9 High St., Pittenweem

- Bestel een warme chocolademelk, de chocolaterie ernaast levert de chocolade.
- Gerechten waarin chocolade is verwerkt (bonensoep met cacao). Origineel!

| *Dag. 10.00-18.00 u*
| *Warme chocolademelk £ 4-7.*

Ⓒ CRAIL

Het schattigste kustdorp, al zijn de vissershuisjes vervangen door galeries en cafés. Bezoek het kleine **historisch museum**.
| *Crail Museum & Heritage Centre: 62-64 Marketgate South*
| *April-okt. do.-za* | *Gratis.*

❸ CRAIL HARBOUR GALLERY
Shoregate, Crail

'Een fantastische galerie met café en uitzicht op de zee, in een fraai gerenoveerd 17de-eeuws huis. Bewonder de werken van de lokale kunstenares DS Mackie.'
| *Dag. 10.30-17.00 u.*

De resten van de kathedraal van St Andrews

IN EN ROND EDINBURGH

D ST ANDREWS

St Andrews heeft een prestigieuze universiteit en was ooit de religieuze hoofdstad van Schotland. De resten van de **kathedraal** (14de eeuw) geven een idee van hoe machtig de stad was. **St Andrews Castle**, ooit het bisschoppelijk paleis, is nu een ruïne, maar dankzij de ligging vlak aan het water is het een romantische plek. St Andrews is ook het golfmekka van Schotland, met The Old Course – de oudste golfbaan ter wereld die nog in gebruik is – en het **British Golf Museum**, dat je alles vertelt over de geschiedenis van de golfsport.

| St Andrews Cathedral: The Pends | Niet gratis. | St Andrews Castle: The Scores | Niet gratis | Res. aanbevolen: www.historicenvironment.scot | British Golf Museum: Bruce Embankment | www.britishgolfmuseum.co.uk | Niet gratis.

④ JANNETTAS GELATERIA
31 South St., St Andrews

- Deze Italiaanse ijssalon is al een eeuw lang bekend bij alle inwoners van de stad!
- Meer dan 50 smaken, om mee te nemen of ter plaatse op te eten.

| Dag. 10.00-22.00 u | IJsjes £ 2-5.

⑤ THE NEWPORT RESTAURANT
1 High St., Newport-on-Tay

- Een van de beste restaurants in de regio.
- Vooral lokale gerechten: krab van Fife, gerookte schelvis uit Arbroath.

| Do.-zo. 12.00-14.00 u en 18.00-21.00 u (zo. 17.30-20.30 u) | Degustatiemenu £ 65.

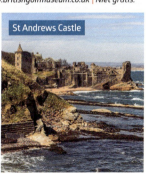
St Andrews Castle

IN EN ROND EDINBURGH | DAG 3

DE WERELD VAN *OUTLANDER*
IN DE VOETSPOREN VAN CLAIRE EN JAMIE

- VisitScotland heeft een kaart uitgegeven met daarop alle filmlocaties van *Outlander*, gerangschikt per seizoen: www.visitscotland.com/see-do/attractions/tv-film/outlander/

HET SUCCES VAN EEN SAGA

The Thistle and The Tartan, de saga waar de Amerikaanse schrijfster Diana Gabaldon in 1991 mee startte, vormde de basis voor *Outlander*, een tv-serie over Jamie, een bijzonder charmante Highlander, en Claire, een Engelse uit de 20ste eeuw die naar de jaren 1740 wordt geflitst en daar Jamie ontmoet. Voor elk seizoen zijn er overal in Schotland scènes gefilmd, een groot deel ervan tussen Edinburgh en Stirling.

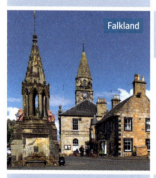
Falkland

TOEGANKELIJKHEID EN VERVOER

Met de auto: veel filmlocaties zijn moeilijk toegankelijk. De auto is dus het handigste vervoermiddel voor deze dag.
Met de bus: als je met de bus reist, kies dan enkele locaties uit, als je ze allemaal wilt bezoeken heb je meerdere dagen nodig. Plan je trips met het openbaar vervoer op **www.travelinescotland.com**

PRIJZEN

Gratis locaties: de dorpen Culross en Falkland, de buitenkant van Doune Castle.
Kasteelbezoeken: reken op £ 6 tot 12 per kasteel.

GEORGANISEERDE EXCURSIES

Vanuit Edinburgh kun je een dagexcursie maken langs de belangrijkste plekken die een rol spelen in *Outlander* (in het Engels).
Prijs: £ 42 tot 55 per persoon.
Aanbieders: Rabbie's Tours (www.rabbies.com), Highland Explorer Tours (www.highlandexplorertours.com), Haggis Adventures (www.haggisadventures.com), enz.

IN EN ROND EDINBURGH | DAG 3
DE WERELD VAN *OUTLANDER*
WAT BEZOEKEN, UIT ETEN

A HOPETOUN HOUSE
Society Road, South Queensferry | www.hopetoun.co.uk | Di.-wo. en okt.-maart gesl. | Niet gratis

Hopetoun House komt vaak in beeld in de tv-serie *Outlander*, vooral in het eerste seizoen, als het huis van de hertog van Sandrigham. Enkele vertrekken zijn ook in het tweede seizoen gebruikt, voor het appartement van Jamie en Claire in Parijs. In dit 17de-eeuwse landhuis zijn de interieurs goed bewaard gebleven, de bibliotheken zijn stijlvol en de meubels dateren uit die tijd.

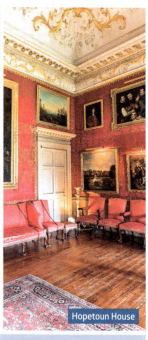
Hopetoun House

B MIDHOPE CASTLE
Abercorn, South Queensferry

Fans van de serie kennen Midhope Castle onder de naam 'Lallybroch', het ouderlijke huis van Jamie.
| *Beperkt toegankelijk, info op: https://hopetoun.co.uk/estate/outlander-at-hopetoun*

C BLACKNESS CASTLE
Blackness, Linlithgow | Niet gratis

Het thuis van Black Jack Randall, in de serie bevindt het zich in Fort William. Even verderop ligt Linlithgow Palace (blz. 60), een filmlocatie van de tv-serie *Wentworth*.

D CULROSS
Culross Palace: nov.-maart gesl. | Niet gratis

Dit rustieke dorp, beschermd door de National Trust of Scotland, kreeg in *Outlander* de rol van Cranesmuir toebedeeld, het dorp bij Castle Leoch. Het **paleis** is gebruikt voor zijn prachtige, in terrassen aangelegde tuin (de kruidentuin van Claire) en de winkel van Geillis Duncan. Je herkent het centrale plein, Mercat Cross, waar Jamie een jongen redt die met zijn oor aan de schandpaal is vastgenageld.

Culross

Midhope Castle

① BISCUIT CAFE
Sandhaven, Culross

'Dit lichte café bevindt zich boven een pottenbakkersatelier en is het leukste van het dorp. De gerechten zijn eenvoudig, de porties groot, meer hoeft dat niet te zijn.'
| Dag. 10.00-16.00 u.

Ⓔ FALKLAND
Falkland Palace: New Road | *Juli-aug. zo-ochtend gesl., nov.-maart gesl.* | *Niet gratis*

In de serie geeft dit mooie dorp in Fife gestalte aan het Inverness dat Claire en Franck in 1940 ontdekken (seizoen 1). Herken je het centrale plein en Mrs Baird's Guesthouse, waar het koppel logeert? Ook Falkland Palace loont de moeite. De Stuarts hebben het middeleeuwse kasteel tot een koninklijke residentie verbouwd. Je vindt er het oudste, nog altijd in gebruik zijnde tennisveld ter wereld. Mooie tuinen.

② CAMPBELL'S COFFEE HOUSE
The Cross, Falkland

- Uitstekend gelegen café.
- Lokale producten.
- Bij de *pancakes* krijg je jam van rode vruchten.

| Di.-vr. 10.00-16.00 u, za.-zo. 9.30-17.00 u
| Haggis £ 11, pancakes £ 7,50.

Ⓕ DOUNE CASTLE
Castle Hill, Doune | *Niet gratis*

Eerder al te zien in *Monty Python and the Holy Grail* en in *Game of Thrones*, Doune Castle is erg herkenbaar in de eerste aflevering van *Outlander*: het is Castle Leoch!

③ BUTTERCUP CAFE
7 Main St., Doune

- Eenvoudig, klein café waar je uit het vuistje eet.
- Een bord met een broodje, een stukje hartig gebak en een boterham met zalm.

| Dag. 9.00-16.00 u (za. tot 17.00 u)
| Gerechten £ 6-12.

IN EN ROND EDINBURGH | DAG 4

DUNDEE
DE ZONNIGSTE STAD VAN SCHOTLAND

- Dundee (150.000 inw.) is een bruisende, lichte stad en lokt almaar meer bezoekers.
- Met zijn gratis musea en straten waarin kwistig met beelden en muurschilderingen wordt gestrooid, valt er altijd wel iets nieuws te zien. Het hele centrum kun je makkelijk te voet verkennen.
- VisitScotland iCentre: 16 City Square. Ma.-za. 9.30-17.00 u.
- www.openclosedundee.co.uk: Informatie over de *street art trails* in Dundee.

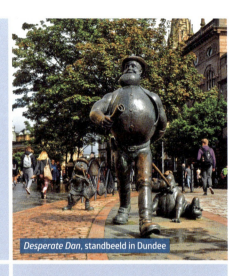
Desperate Dan, standbeeld in Dundee

VAN EDINBURGH NAAR DUNDEE

Met de auto: 1 uur en 15 min. tot 1 uur en 35 min., afhankelijk van de weg die je kiest (de A92 of de M90).
In het centrum mag je vaak slechts een beperkt aantal uren parkeren, lees de borden aandachtig.
Met de trein: 1 uur en 20 min. (£ 11).
Met de bus: 1 uur en 35 min. (£ 18).
Plan je verplaatsingen met het openbaar vervoer met **www.travelinescotland.com**

EEN BEETJE GESCHIEDENIS

Vroeger was Dundee een grote havenstad gespecialiseerd in het maken van laken en jute, en in scheepsbouw. De stad heeft zich opnieuw uitgevonden en specialiseert zich nu in alle mogelijke soorten design. Tegenwoordig bruist de stad dankzij haar creativiteit en haar verjongingskuur. De lange crisis na de teloorgang van de industrie is voorbij. Het beste bewijs: alle gebouwen aan de oever van de Tay zijn volledig opgeknapt.

- F Dundee Law
- G Broughty Ferry
- E The McManus
- D Verdant Works
- The HMS Unicorn
- C Dundee Contemporary Arts
- Dundee Science Centre
- Overgate Shopping Centre
- A V&A Museum of Design
- B Discovery Point

IN EN ROND EDINBURGH

200 m

IN EN ROND EDINBURGH | DAG 4
DUNDEE
WAT BEZOEKEN, UIT ETEN

Ⓐ V&A MUSEUM OF DESIGN
1 Riverside Esplanade | www.vam.ac.uk/dundee | Permanente tentoonstellingen gratis, tijdelijke tentoonstellingen niet gratis

Het kleine broertje van het Victoria & Albert Museum in Londen. Dat in Dundee opende de deuren in 2018 en is een groot succes. De bijzondere architectuur en de mooie collecties, gespecialiseerd in Schots design, zijn inspirerend. Het museum heeft een aangenaam café waar je lekker kunt lunchen en een winkel met allerlei leuke hebbedingetjes.

Ⓑ DISCOVERY POINT
Riverside Drive | Niet gratis

De *RRS Discovery*, een driemaster die in 1901 in Dundee is gebouwd om de Zuidpool te verkennen, ligt vlak bij het V&A. Discovery Point vertelt er alles over. Je kunt het schip ook bezoeken.

❶ THE FLAME TREE CAFE
20 Exchange St.

- Sober ingericht café dat erg kleurrijke kleine gerechten serveert, zoals *rainbow bagels*, bagels in de kleuren van de regenboog.
| Ma.-za. 10.00-16.00 u
| Soep & broodje £ 7.

Ⓒ DUNDEE CONTEMPORARY ARTS
152 Nethergate | www.dca.org.uk | Gratis

Deze galerij voor hedendaagse kunst organiseert elk jaar vijf tentoonstellingen en wisselt grote namen en nieuw talent met elkaar af. De tentoongestelde werken zijn altijd de moeite waard. Ideaal voor op een regendag, het café dat eraan verbonden is, is trouwens ook erg aangenaam.

❷ GALLERY 48
48 West Port

- Spaans geïnspireerd restaurant waar je eet omringd door kunstwerken.
- Kies verschillende borden en deel die met elkaar, het principe van tapas.
| Dag. 8.00-24.00 u | Borden £ 4-8.

❸ FISHER & DONALDSON
12 Whitehall St.

- Honderd jaar oude bakkerij waar je lokale, bittere sinaasappeljam koopt, en *fudge donuts,* beignets met een laagje karamel.
- Broodjes en gebak.
| Ma.-za. 8.00-17.00 u.

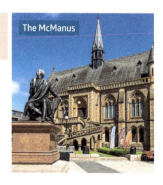
The McManus

City Square, het marktplein van Dundee

❹ VANDALS & CO
22-26 Exchange St.

- Jong, vrolijk en kleurrijk, perfect voor een brunch of een ontspannen maaltijd.
- Hamburgers en Aziatische bowls (curry's, ramen…).

| *Ma.-do. 12.00-21.00 u, vr.-za. 11.00-22.00 u, zo. 11.00-18.00 u* | *Gerechten £ 7-20.*

Ⓓ VERDANT WORKS
West Henderson's Wynd
| *Ma.-di. en dec.-jan. gesl.* | *Niet gratis*

De 19de-eeuwse textielfabriek is in de jaren 1990 omgeturnd tot een museum over de voor Dundee ooit erg belangrijke jute-industrie. Erg didactische tentoonstelling.
| *www.verdantworks.com*

Ⓔ THE MCMANUS
Albert Square | *www.mcmanus.co.uk* | *Zo.-ochtend gesl.* | *Gratis*

In een mooi, neogotisch gebouw, acht zalen over de geschiedenis en kunstenaars van Dundee. De tijdelijke tentoonstellingen richten de spots op de lokale cultuur. Een leerrijk bezoek!

Ⓕ DUNDEE LAW
Vrij toegankelijk

Boven op deze vulkanische heuvel staat een indrukwekkend monument voor zij die in de wereldoorlogen stierven en heb je een prachtig uitzicht op Dundee.
| *2 uur wandelen vanaf het V&A of bus 28 of 29 aan St Mary's Church.*

Ⓖ BROUGHTY FERRY
5 km ten oosten van het centrum
| *Vanuit het centrum bereikbaar met bus 5 of 10*

Ten oosten van Dundee maar makkelijk bereikbaar. Broughty Ferry is een gezellige voorstad met een mooi strand en vlak daarachter oude vissershuizen. Breng ook een bezoek aan **Broughty Castle**, in 1490 gebouwd om het estuarium tegen een Engelse invasie te beschermen en nu een geschiedkundig museum.
| *Broughty Castle Museum: Castle Approach* | *Gratis.*

IN EN ROND EDINBURGH | DAG 5

STIRLING KONINKLIJKE STAD
EN TOEGANGSPOORT TOT DE HIGHLANDS

Stirling Castle

- Stirling, de 'toegangspoort tot de Highlands', heeft een belangrijke rol gespeeld in de Schotse geschiedenis. Koningen en koninginnen zijn hier gekroond en dat voel je nog altijd.
- VisitScotland iCentre: Old Town Jail, St John St. Dag. 10.00-17.00 u.
- www.yourstirling.com: informatie over alle evenementen.

VAN EDINBURGH NAAR STIRLING

Met de auto: minder dan 1 uur via de M9 (betaald parkeren voor het kasteel).
Met de trein: 50 min. (£ 9,10).
Met de bus: ca. 1 uur (£ 8,70).
Plan je verplaatsingen met het openbaar vervoer met **www.travelinescotland.com**

VERVOER IN STIRLING

In het centrum: alles is makkelijk te voet bereikbaar.
Buiten het centrum: gebruik de bussen van First Bus voor een bezoek aan Bannockburn of het Wallace Monument (£ 3 voor een dagpas).

WAT BEZOEKEN?

Stirling City Pass: zo mag je sneller naar binnen en krijg je een gunsttarief voor Stirling Castle, de gevangenis (Old Town Jail) en het Wallace Monument. De pas is twee dagen geldig, van juli tot september, en kost £ 33. Te koop in het VisitScotland iCentre of online op www.stirlingcitypass.com

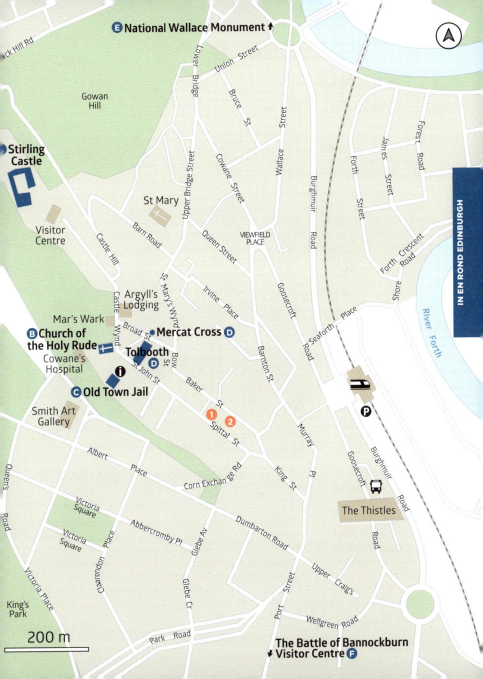

IN EN ROND EDINBURGH | DAG 5
STIRLING

WAT BEZOEKEN, UIT ETEN

A STIRLING CASTLE
Castle Esplanade | www.stirlingcastle.scot | Niet gratis

Tijdens de onafhankelijkheidsoorlogen (13de-14de eeuw) kreeg het vaak een andere bezitter en uiterlijk. Hoogtepunten zijn de Great Hall, in 1503 gebouwd door koning James IV, en de vertrekken van Marie de Guise, die in de 16de eeuw het land leidde na de dood van haar man James V. Kijk in het koninklijk paleis, in de Inner Hall, omhoog: tientallen gebeeldhouwde en geschilderde gezichten van de koning, de koningin en hun hof.

B CHURCH OF THE HOLY RUDE
St John St. | Okt.-april en zo. gesl.

In deze kerk, gebouwd in 1129, werd in 1488 koning James IV gekroond. Neem zeker ook een kijkje op het mysterieuze kerkhof met zijn oude grafstenen.
| www.holyrude.org | Gratis.

C OLD TOWN JAIL
St John St. | www.oldtownjail.co.uk | Jan. gesl. | Niet gratis

Deze gevangenis was in 1847 ronduit modern: individuele cellen, reïntegratieprogramma's, enz. Een gids in een uniform van toen leidt je rond. Prachtig uitzicht op de stad.

Old Town Coffee House

1 OLD TOWN COFFEE HOUSE
38 Spittal St.

• Klein café dicht bij het kasteel dat lekkere soep serveert.
• Leuk interieur en een eenvoudige kaart.
| Do.-di. 11.00-17.00 u
| Warme dranken £ 2-3.

D MERCAT CROSS EN TOLBOOTH
Broad St.

Puggy heet de eenhoorn boven op **Mercat Cross**, de zuil die aangeeft waar vroeger de markt werd gehouden. Bij dit monument werden belangrijke mededelingen bekendgemaakt en publieke straffen uitgevoerd. Het gebouw er vlak naast is de **Tolbooth**, eerst een rechtbank, later een gevangenis en nu een cultureel centrum dat je op een mooi uitzicht op de stad trakteert.

Barnton Street, in het centrum van Stirling

② BREA RESTAURANT
5 Baker St.

- Dit kleine restaurant is een aanwinst voor Stirling.
- Originele gerechten en veel verse producten.

| *Dag. 12.00-21.00 u (vr.-za. tot 22.00 u)* | *Gerechten £ 16-28.*

Ⓔ NATIONAL WALLACE MONUMENT
Hillfoots Road, met bus 23 of 52 | *Vrij toegankelijk, beklimming van de toren niet gratis*

Dit neogotische bouwwerk, opgericht in de jaren 1860, is een eerbetoon aan William Wallace, de man die in 1297 de Battle of Stirling Bridge won (herinner je je de film *Braveheart*?). Tijdens de beklimming van de toren, hij telt 246 treden, leer je veel over deze Schotse held en boven wacht een adembenemend panoramisch uitzicht op de wijde omgeving.
| www.nationalwallacemonument.com

Het standbeeld van Robert the Bruce

Ⓕ THE BATTLE OF BANNOCKBURN VISITOR CENTRE
Glasgow Road, met bus 51 of M8 | *Niet gratis; park vrij toegankelijk*

Dit moderne museum brengt de strijd om Bannockburn (1314) tot leven. Daarbij namen de Schotse troepen van Robert the Bruce het op tegen de Engelsen. De Schotten wonnen en zijn dat nog lang niet vergeten. Met tal van schermen en speciale effecten dompelt het museum je onder in het strijdgewoel. In het park vlak bij het centrum staat een ruiterstandbeeld van Robert the Bruce.
| www.nts.org.uk/visit/places/bannockburn

IN EN ROND EDINBURGH | DAG 6
THE LOTHIANS
NATUUR EN AVONTUUR

- The Lothians is de verzamelnaam voor de regio's rond Edinburgh.
- In het westen: mooie kastelen en historisch erfgoed. In het oosten: de lokroep van de Noordzee.

PRAKTISCHE INFORMATIE

Met de trein: er rijden treinen naar North Berwick en Dunbar. Bespaar en kies voor een Off-Peak Day Return!
Met de bus: daarmee kun je zelfs naar de kleinste dorpen. Lothian Buses, East Coast Buses en First Bus staan in voor de verbindingen.
Plan je verplaatsingen met het openbaar vervoer met **www.travelinescotland.com**

Ⓐ ABERLADY
Bus 124 of X5 vanuit Edinburgh

Vanuit Edinburgh gaan er bussen naar dit kustdorp, met zijn natuurreservaat en 15de-eeuwse kerk die in de 19de eeuw is heropgebouwd. Op het strand is het fijn wandelen.

Ⓑ NORTH BERWICK
Met de trein bereikbaar vanuit Edinburgh (35 min.) | Scottish Seabird Centre: op de pier | https://seabird.org | Niet gratis

Een kleine kuststad met enkele fraaie schatten: **The Law**, een vulkanische heuvel, beklim hem en geniet van het uitzicht; het **Scottish Seabird Centre** informeert over de Schotse vogels. Het rotseilandje dat in de verte oprijst, is **Bass Rock**. Je denkt misschien dat het een witte rots is, maar dat komt door de tienduizenden vogels die er nestelen! Er zijn geregeld bootexcursies naar de rots (niet gratis).

❶ THE ROCKETEER
26 Victoria Road, North Berwick

- Visrestaurant met zeezicht.
- Lobster Shack is hun adres voor zeevruchten (in de haven). Heerlijke *fish & chips*.
| Dag. 9.00-19.00 u (zo. tot 17.00 u) | Lobster Shack wo.-zo. (in de winter za.-zo.) | Soep £ 8, zeevruchtenschotel (voor 2) £ 65.

Bass Rock

❷ THE HERRINGBONE
1 Westgate, North Berwick

- Creatief restaurant en een Scandinavisch aandoend interieur.
- Ga voor de lokaal gevangen forel met mosselen en een pittige saus.
| Wo.-zo. 12.00-24.00 u (vr.-za. tot 1.00 u) | Gerechten £ 13-25.

IN EN ROND EDINBURGH | DAG 6
THE LOTHIANS
WAT BEZOEKEN, UIT ETEN

C TANTALLON CASTLE
Aan de A198 | Tijdelijk gesloten

Het kasteel, halfweg de 14de eeuw gebouwd door graaf William Douglas, is vaak belegerd. Vandaag blijft alleen nog een romantische ruïne over, vlak bij de zee.

D DUNBAR
Aan de A1087

Een kustdorp met kasteelruïne en de geboorteplaats van John Muir, de man die in de VS de nationale parken mee mogelijk maakte. Het strand en het kustpad zijn aangenaam.

3 THE ROCKS
Marine Road, Dunbar

- Uitstekende keuken en uitzicht op de zee.
- Op je bord: *beef Wellington*, vispastei.

| Ma.-za. 12.00-14.00 u en 17.00-19.45 u, zo. 12.00-16.00 u | Gerechten £ 13-21, beef Wellington £ 17, pie £ 17.

E NATIONAL MUSEUM OF FLIGHT
East Fortune Airfield | Niet gratis

Museum over de geschiedenis van de Schotse luchtvaart. Je ziet er een *Concorde* en je kunt in enkele cockpits plaatsnemen. Perfect voor vliegtuigfanaten en regendagen.

F HADDINGTON
Aan de A1

Wandel langs de Tyne, een brug uit de 13de eeuw verbindt beide oevers, en bewonder **St Mary's Parish Church**, een parochiekerk die meer dan 700 jaar oud is! Het **John Gray Centre** biedt onder meer onderdak aan een klein museum over lokale geschiedenis.

| *John Gray Centre: 15 Lodge St.* | *www.johngraycentre.org* | *In de winter zo.-di. gesl., in de zomer zo.-ochtend gesl.* | *Gratis* | *St Mary's Parish: Sidegate* | *'s ochtends gesl.* | *Gratis.*

4 LANTERNE ROUGE
1 Main St., Gifford

'Dit eenvoudige café op de weg naar Haddington is erg geliefd bij fietsers. Het serveert heerlijke *scones* en heeft een uitgebreide theekaart.'

| *Dag. 9.00-16.00 u*
| *Scones £ 2,40, broodjes £ 6-7.*

G ROSSLYN CHAPEL
Chapel Loan, Roslin | Zo.-ochtend gesl. | Niet gratis | Res. ten zeerste aanbevolen: www.rosslynchapel.com | Binnen fotograferen verboden

De familie Sinclair liet deze kleine katholieke kapel in de 15de eeuw bouwen. Ze is opvallend rijk versierd en de versieringen zijn erg verfijnd. Elke zuil en elke muur is opgesmukt met geraffineerd steenhouwwerk en figuren. Oogverblindend mooi! Dan Brown vermeldt de kapel op het einde van zijn boek *De Da Vinci Code*, waardoor ze op slag wereldberoemd werd.

Tantallon Castle

IN EN ROND EDINBURGH

IN EN ROND EDINBURGH | DAG 7

THE BORDERS
HET SCHOTSE GRENSGEBIED

- The Borders is een grensgebied tussen Schotland en Engeland. De streek is charmant, ook omdat ze minder druk bezocht wordt dan de rest van Schotland.
- Je kunt de trein van Edinburgh naar Tweedbank nemen en zo Abbotsford House en Melrose Abbey bezoeken. Een wandeling langs de Tweed verbindt de twee attracties.
- Om de abdijen van The Borders te bezoeken, heb je een auto nodig.

PRAKTISCHE INFORMATIE

Met de auto: het meest praktisch om de regio te verkennen.
Met de trein: spoor van Edinburgh naar Tweedbank (1 uur, £ 11,90) en wandel naar Abbotsford of de abdij van Melrose.
Met de bus: een goed netwerk, maar je moet wel flink puzzelen. Bereid je verplaatsingen voor met www.travelinescotland.com
Toeristenbureau: in Kelso, Melrose, Jedburgh.

DE ABDIJEN VAN THE BORDERS

Om zijn gezag te versterken en om te bewijzen dat hij diepgelovig was, stichtte koning David I in de 12de eeuw een reeks abdijen in The Borders, met als voornaamste die in Melrose, Kelso, Dryburgh en Jedbugh. Tijdens de onafhankelijkheidsoorlogen werden ze aangevallen en heropgebouwd. Maar de protestantse Reformatie werd hen fataal en in de 16de eeuw werden ze verlaten.

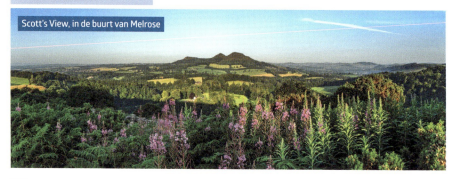
Scott's View, in de buurt van Melrose

IN EN ROND EDINBURGH | DAG 7
THE BORDERS
WAT BEZOEKEN, UIT ETEN

A ABBOTSFORD HOUSE
Aan de B6360, net buiten Tweedbank | www.scottsabbotsford.com | Dec.-feb. gesl. | Niet gratis

Bezoek zijn huis en leer zo wie sir Walter Scott, de beroemdste schrijver van Schotland, was. De uitstekende audiogids vertelt honderduit over het dagelijkse leven van de man. Zijn huis (1824) is idyllisch, vooral de bibliotheek, en de tuinen zijn ronduit schitterend. Het bezoekerscentrum biedt ook onderdak aan een café en een kleine tentoonstelling over de impact die Scott op de Schotse cultuur heeft.

1 THE HOEBRIDGE
Hoebridge Road East, Melrose

- Deze pub onderscheidt zich van zijn buren door zijn interieur en zijn charme.
- Seizoensgebonden kaart op basis van lokale producten.

| Wo.-za. 17.30-21.30 u | Gerechten £ 17-26.

B MELROSE ABBEY
Abbey St., Melrose | Niet gratis (audiogids inbegrepen)

Deze abdij werd in 1136 gesticht en was op-en-top gotisch, met waterspuwers en verfijnd beeldhouwwerk. Een interessant bezoek (met prima audiogids) aan het schip, het koor en de kapittelzaal van de abdij, die vaak door de Engelsen is aangevallen en heropgebouwd. Verderop, in een museum, kun je voorwerpen bekijken die tijdens opgravingen zijn gevonden. Het hart van koning Robert the Bruce is nog altijd hier begraven.

C DRYBURGH ABBEY
St Boswells | Niet gratis

Deze abdij, verborgen in het bos, is een van de mooiste gotische gebouwen van Schotland en ook een van de meest romantische. Sir Walter Scott koos ervoor hier begraven te worden, in 1832.

D JEDBURGH ABBEY
Abbey Bridge End, Jedburgh | Niet gratis

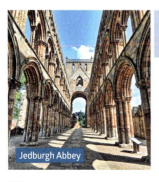
Jedburgh Abbey

Jedburgh Abbey is een van de belangrijkste bezienswaardigheden in The Borders. De abdij van rode zandsteen werd in 1138 gesticht door David I en was een van de rijkste en machtigste van de streek. Het schip van de kerk is indrukwekkend. Het dak is verdwenen, maar de hoge muren zijn uitstekend bewaard gebleven. Bewonder ook de bijzonder langgerekte gotische voorgevel.

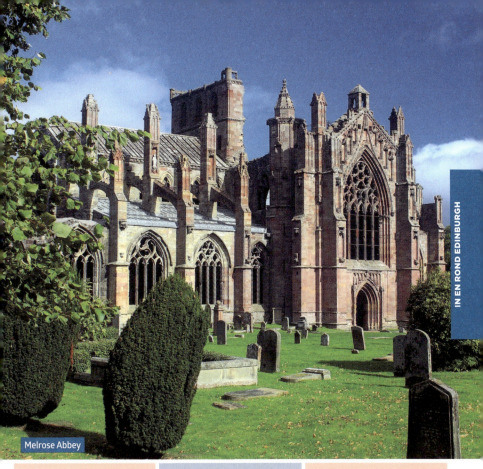

Melrose Abbey

❷ ANCRUM CROSS KEYS
Ancrum

- Leuke plattelandspub.
- Proef het lokale bier, Born in the Borders, de pub en de brouwerij werken samen.
- *Fish & chips*, hamburgers…

| Ma.-vr. 17.00-23.00 u, za. 12.00-1.00 u, zo. 12.00-23.00 u
| Gerechten £ 11-19, pint £ 3.

Ⓔ KELSO ABBEY
Vrij toegankelijk

De enorme abdij uit de 12de eeuw is verlaten en is een mooi voorbeeld van romaanse architectuur. Kelso is ook de geknipte plek om een wandeling langs de Tweed te maken (1 uur).

❸ THE COBBLES
Kelso

- Herberg uit de 19de eeuw, klassieke gerechten met lokale ingrediënten.
- Proef het lokale bier, van Tempest Brewing Co.

| 7 Bowmont St. | Di.-do. 11.30-23.00 u, vr.-za. 11.00-laat, zo. 12.00-23.00 u | Gerechten £ 12-15.

ROADTRIP OVER DE NORTH COAST 500 (NC500)

De NC500 is een route van 500 mijl (ongeveer 800 km) die vooral de kustwegen in het noorden van de Highlands volgt. Een roadtrip door adembenemende landschappen: kastelen en archeologische resten aan de oostkust, baaien, kliffen en vissersdorpen aan de westkust.

> Alle informatie en tips om deze roadtrip in vijf dagen te voltooien en er optimaal van te genieten (inclusief voorstellen om te overnachten)

1 Van Inverness naar Wick

Een kasteel en dorpen
240 km

2 Van Wick naar Durness

Kliffen en een kaap met rotsen
190 km

3 Van Durness naar Ullapool

Een eiland, vogels en stranden
180 km

4 Van Ullapool naar Applecross

Een meer, bergen en stranden
190 km

5 Van Applecross naar Inverness

Een meer, een kunstenaarsdorp en een kuuroord
150 km

INVERNESS — WICK — DURNESS — ULLAPOOL — APPLECROSS — INVERNESS

ALLE INGREDIËNTEN VOOR EEN GESLAAGDE ROADTRIP

Loch Assynt

DE BESTE PERIODE

Mei en juni: de droogste maanden.
Juli tot september: de periode met de zonnigste dagen, maar ook die waarin de *midges*, de vervelende steekvliegen, het actiefst zijn.
Goed om te weten: in de zomer is het hier meer dan 18 uur per dag licht.

VOOR JE VERTREKT

www.northcoast500.com: de officiële website over de route, je kunt er een kaart downloaden met daarop de tankstations en de uitkijkpunten.
Download de app 'XCWeather' om altijd op de hoogte te zijn van de weersvoorspelling.
Wegenkaart: koop een papieren kaart, want met je mobiel heb je niet overal bereik.
Neem de juiste spullen mee: warme, waterdichte kleren, wandelschoenen, handschoenen, mutsen, zaklampen, enz.

ONDERWEG

Single track roads: in het noorden van de Highlands kom je dit soort smalle wegen vaak tegen. Gebruik de *passing places*, uitwijkplaatsen waar je voertuigen uit de andere richting langs kunt laten (of die achter je als jij langzaam rijdt).
Parkeren: parkeer nooit op een *passing place*; parkeer je zo dat je het verkeer niet hindert.
Snelheid: de maximumsnelheid bedraagt 60 mijl/uur, maar vaak moet je echt wel langzamer rijden. Pas je rijstijl aan.
Tanken: gooi de tank regelmatig vol, zo vermijd je dat je *in the middle of nowhere* zonder brandstof valt.
Wees voorzichtig: je deelt de weg met motorrijders, fietsers, wandelaars en dieren.

WAAR ETEN?

Lunchen: in de grote dorpen vind je het makkelijkst een café of buurtwinkel.
Beperkte openingstijden: 12.00-14.00 u en 's avonds meestal tot maximaal 20.00 u.
Mondvoorraad inslaan: supermarkten in Tain, Dornoch, Wick, Thurso, Tongue, Durness, Lochinver, Ullapool en Gairloch.

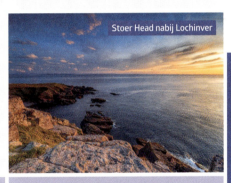
Stoer Head nabij Lochinver

RESERVEREN

Reserveer je overnachtingsadressen, ongeacht het seizoen, de NC500 is erg populair geworden en het hotelaanbod blijft beperkt.
Bij elke etappe vermelden we enkele adressen.

MEDISCHE HULP

Ziekenhuizen met 24/24 spoedeisende hulp: in Wick (Bankhead Road), Golspie (Station Road) en Thurso (Ormlie Road).
Gezondheidscentra: in Tongue, Durness en Ullapool.

ROUTE INVERNESS - WICK

- Een rit langs verschillende kustdorpen en hun stranden.
- Ca. 240 km, van Inverness via Cromarty, Portmahomack en Dornoch tot in Wick.

A BLACK ISLE

Black Isle is geen eiland en is ook niet zwart. Het is een schiereiland vlak bij Inverness. De Kessock Bridge brengt je erheen. Neem de tijd voor de **wandeling doorheen Fairy Glen**, de 'vallei van de feeën'. In de schaduw van berken volg je de rivier tot aan de waterval, Fairy Glen Falls.
| *Wandeling in Fairy Glen: start aan het parkeerterrein aan de rand van Rosemarkie* | *3 km, 1 uur wandelen.*

B CROMARTY

Een dorp met goed bewaarde vissershuizen en de fraaie rechtbank uit de 18de eeuw, **Cromarty Court House**, dat nu een museum is.
| *Cromarty Court House: 's ochtends gesl., nov.-maart gesl.* | *Gratis.*

1 SUTOR CREEK CAFE
21 Bank St., Cromarty
| *Dag. 10.00-20.00 u*

- Leuk, klein restaurant dat lokale producten gebruikt.
- Gespecialiseerd in vis en schaaldieren, maar ook lekkere, op houtvuur gebakken pizza's.
| *Pizza's £ 10-17, soepen £ 4-5, gerechten £ 8-18.*

C PORTMAHOMACK

Dit dorp is bekend om zijn strand en zijn mooie huizen. De kerk huisvest nu het **Tarbat Discovery Centre**, een museum over de Picten.
| *Tarbat Discovery Centre: zo.-ochtend gesl.* | *Niet gratis.*

D DORNOCH

Een van de mooiste dorpen aan de oostkust. Mis zeker de kathedraal niet, hij is in de 13de eeuw gebouwd en in 2000 is Madonna er getrouwd. Prachtige glas-in-loodramen.

Het strand van Dornoch

In de buurt van Dunrobin Castle

E DUNROBIN CASTLE
Golspie | www.dunrobincastle.co.uk | Nov.-maart gesl. | Niet gratis

Dit majestueuze, witte kasteel met spitse torens rijst op boven het bos en had aan de Loire kunnen staan... in plaats van aan de Noordzee! Het werd gebouwd in de 13de eeuw, kreeg een make-over in de 19de eeuw en telt 189 vertrekken: het is het grootste kasteel van de Highlands. Bezoek zeker ook de prachtige tuinen, aangelegd in 1850 en geïnspireerd op die van Versailles. In de zomer kun je er valkerijshows bijwonen.

F WICK

Dit stadje had ooit een grote haven, zoals je verneemt in het Wick Heritage Centre. Ga proeven in de **Old Pulteney Distillery**.
| Old Pulteney Distillery: Huddart St. | www.oldpulteney.com | Zo. gesl. (okt.-maart ook za.) | Niet gratis

ROADTRIP OVER DE NORTH COAST 500 (NC500)

2 THE CLACHAN B&B
13 Randolf Pl., Wick

- Klein hotel midden in het centrum, erg comfortabel.
- Reserveer, dit hotel is erg populair bij reizigers die de NC500 volgen.

| Tweepersoonskamer £ 90-100.

3 N°1 BISTRO
Union St., Wick

- Het restaurant van het Mackays Hotel.
- Uitgebreide kaart, klassieke Schotse gerechten, Thaise gerechten en curry's.

| Ma.-do. 17.30-23.00 u, vr.-zo. 12.00-23.00 u | Gerechten £ 14-23.

4 IMPALA GUEST HOUSE
Broadhaven Road, Wick

- Kleine, gezellige B&B buiten de stad gerund door Julie en Eddie. Bestaat sinds 2014.
- Uitgebreid ontbijt.

| Tweepersoonskamer £ 90-115.

ROUTE WICK - DURNESS

- Dunnet Head is het meest noordelijke punt van Schotland en ligt tussen Castle of Mey en Thurso.
- Er valt zoveel te zien dat je keuzes moet maken!
- Afstand tussen Wick en Durness: 190 km.

Ⓐ JOHN O'GROATS

Het noordelijkste punt van het Schotse vasteland waar mensen wonen. In de zomer excursies naar de Orkneys en om dieren te spotten.
| *John O'Groats Ferries:*
www.jogferry.co.uk | *Niet gratis.*

Ⓑ DUNCANSBY HEAD
3,5 km voorbij John O'Groats
| *Parkeren bij de vuurtoren*

Een wandeling met veel wind (1 uur H/T) brengt je naar twee spectaculaire puntige rotsen, de *stacks*, die net voor de kust uit het water oprijzen. Perfect om zeevogels te observeren.

Ⓒ CASTLE OF MEY
Caithness, Thurso | *Ma.-di. en okt.-april gesl.* | *Niet gratis*

Dit kasteel uit de 16de eeuw werd in 1952 aangekocht en gerenoveerd door de moeder van Elizabeth II. Ze bracht er veel tijd door. Interessant om te zien hoe ze woonde.
| *www.castleofmey.org.uk*

John O'Groats

Ⓓ THURSO

De grootste stad in de wijde omtrek, met **Caithness Horizons**, een museum (niet gratis) over de geschiedenis van de streek. In de buurt vind je de beste surfspots van het land!

Ⓔ STRATHY POINT
Voorbij Strathy, voorbij de Strathy Inn rechts afslaan | *Parkeerterrein*

De wandeling (1 uur H/T) brengt je naar een kaap met daarop een vuurtoren. Fascinerend hoe de golven op de kliffen inbeuken! In de zomer kun je er dolfijnen spotten.

❶ THE STRATHY INN
Voorbij Strathy

- Gezellige, comfortabele kamers.
- Aangenaam restaurant, met houtvuur en Aziatische invloeden (curry).
| *Tweepersoonskamer £ 90*
| *Restaurant enkel 's avonds (ma. gesl.)* | *Gerechten £ 11-14.*

F KYLE OF TONGUE

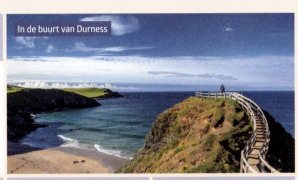
In de buurt van Durness

Deze zeearm wordt gedomineerd door Ben Loyal (764 m) en omzoomd door kliffen en stranden. Neem de brug of rijd om via de zuidpunt van Kyle of Tongue (15 km).

G LOCH ERIBOLL

Tijdens de Tweede Wereldoorlog leidde de Royal Navy hier matrozen op. Rijd rond het meer, hier en daar zie je oude kalksteengroeves.

H DURNESS

In dit kleine, erg geïsoleerde dorp bracht John Lennon in zijn kindertijd zijn vakanties door. Ga naar het Balnakeil Craft Village en neem een kijkje in de ateliers van kunstenaars en ambachtslui.

I SANGO BAY EN SMOO CAVE
Smoo Cave vrij toegankelijk

Sango Bay is een beroemd strand omringd door kliffen. Mis zeker **Smoo Cave** niet! De grot in de klif is aan de ene kant uitgesleten door de zee en aan de andere kant door een rivier.

2 SMOO CAVE HOTEL
Lerin, Durness

- Rustig, klein hotel. Dicht bij Smoo Cave en vlak bij een klein strand.
- De kamers zijn ietwat verouderd maar aangenaam.

| *Tweepersoonskamer £ 135, ontbijt inbegrepen.*

3 CAMPING SANGO SANDS OASIS
A838, in het centrum van Durness

- De camping met het mooiste uitzicht van Schotland, vlak aan de zee!
- Als je geen electriciteit nodig hebt, hoef je niet te reserveren.

| *Half maart-okt.* | *£ 11/volwassene, electriciteit £ 7.*

4 COCOA MOUNTAIN
Craft Village, Balnakeil, Durness

'Een van de beste bekers warme chocolademelk in Schotland! Tot de rand gevuld en het schuim loopt erover. Ze maken ook bonbons.'

| *April-okt. dag. 9.00-16.00 u (anders variërende openingstijden), jan. gesl.*
| *Warme chocolademelk £ 4.*

ROADTRIP OVER DE NORTH COAST 500 (NC500)

ROUTE DURNESS - ULLAPOOL

- De kust is woester en ongerepter, met heel mooie zandstranden.
- De afstand tussen Durness en Ullapool, via Loch Assynt en het Knockan Crag Geopark, bedraagt 180 km.

A CAPE WRATH
Veerpont vanuit Keoldale, daarna een minibus | Pasen-okt. | Niet gratis

De prachtige kaap omringd door hoge kliffen is ook een vogelreservaat. Maar je moet er iets voor over hebben (de veerpont vanuit Keoldale, daarna een bus). De vuurtoren kun je niet bezoeken.
| www.visitcapewrath.com

B HANDA ISLAND
Veerpont vanuit Tarbet | Half sept.-maart en zo. gesl.

Tot halfwege de 19de eeuw was het eiland bewoond, nu leven er alleen vogels. Er vaart een kleine veerboot heen, in drie uur kun je rond het eiland wandelen.
| *Res. verplicht: www.handa-ferry.com* | Niet gratis (alleen cash)

1 KYLESKU HOTEL
Kylesku

'Perfect voor een pauze. Het café van het Kylesku Hotel ziet uit op de haven, prachtig! Ik beveel de lokale schaal- en schelpdieren aan.'
| *Mei-sept. dag. 8.00-22.00 u; in de winter variërende tijden*
| *Gerechten £ 20-35.*

C LOCH ASSYNT EN ARDVRECK CASTLE
Kasteel vrij toegankelijk

Dit 10 km lange loch wordt omringd door venen en heuvels. Aan het meer bots je op de ruïne van **Ardvreck Castle**, een klein kasteel uit de 16de eeuw, ooit eigendom van de clan MacLeod.

De ruïne van Ardvreck Castle

Het strand van Achmelvich, dicht bij Lochinver

D LOCHINVER

Aan de voet van de berg Suilven (731 m). Het enige grote dorp tussen Durness en Ullapool, met vlakbij prachtige stranden: Achmelvich en Clachtoll in het noorden, Achnahaird in het zuiden.

Ullapool

❷ AN CALA CAFÉ
Culag Square, Lari, Lochinver

- Café van een jeugdherberg, eenvoudige keuken, grote porties.
- Evenwichtige kaart, verschillende dagschotels.

| *Ma. 9.30-14.00 u, di.-za. 9.30-14.00 u en 17.00-19.30 u*
| *Gerechten £ 10-15.*

Ⓔ KNOCKAN CRAG GEOPARK
Vrij toegankelijk

Openluchttentoonstelling over de plaatselijke geologie. Volg het pad (1 uur wandelen) en ontdek de kunstwerken en het prachtige uitzicht op Loch Assynt.

❸ THE CEILIDH PLACE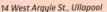
14 West Argyle St., Ullapool

'Eten, slapen, dansen, het kan hier allemaal. De kamers zijn stijlvol ingericht. Ik houd vooral van de kleine boekwinkel, hij gaat pas dicht wanneer de bar sluit!'

| *Tweepersoonskamer £ 325, bunkhouse £ 142.*

Ⓕ ULLAPOOL

Dit bruisende stadje aan Loch Broom was in de 18de eeuw slechts een vissersdorp. De haven is nog altijd actief, nu komen onder andere de veerponten van de Buiten-Hebriden hier aan. In de dorpskerk huist nu een **museum**. Het is een beetje stoffig, maar doet de lokale geschiedenis erg goed uit de doeken.

| *Ullapool Museum: 7 & 8 West Argyle St. | www.ullapoolmuseum.co.uk*
| *Wo. en nov.-maart gesl. (buiten het seizoen ook zo. gesl.) | Niet gratis.*

❹ THE ROYAL HOTEL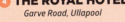
Garve Road, Ullapool

- Gerenoveerd hotel met 55 kamers, sommige zien uit op Loch Broom.
- Het hotel heeft een restaurant.

| *Tweepersoonskamer £ 165.*

ROADTRIP OVER DE NORTH COAST 500 (NC500)

ROUTE
ULLAPOOL - APPLECROSS

- De kustweg, een prachtig meer en bergen.
- Ca. 190 km, van Ullapool naar Applecross, via de zuidelijke oever van Loch Maree en de kustweg van het schiereiland Applecross.

Ⓐ INVEREWE GARDEN
Poolewe

De schitterende botanische tuin uit 1830 geniet van een zacht klimaat (dank je wel, Golfstroom). Wandel van tuin naar tuin en bewonder het telkens veranderende, mooie uitzicht op Loch Ewe.
| Nov.-maart gesl. | Niet gratis.

Ⓑ GAIRLOCH
www.gairlochmuseum.org

Een klein, beschut dorp met mooie stranden en veel cafés en logeeradressen. Het fraaie **Gairloch Museum** wijdt je in in de cultuur van de Highlands.
| *Gairloch Museum: Achtercairn*
| Ma.-za. 10.00-17.00 u | Niet gratis.

❶ THE OLD INN
Flowerdale Glen, Gairloch

'Deze gezellige, kleine herberg serveert eenvoudige gerechten. Proef het lokaal gebrouwen bier en werp een blik in de kleine kunstgalerie aan de overkant.'
| Nov.-feb. gesl.; restaurant dag. 9.00-17.00 u | Gerechten £ 12-20.

Inverewe Garden

Ⓒ LOCH MAREE

De bosrijke oevers van Loch Maree maken het meer tot een van de mooiste van Schotland. Stop bij het eerste parkeerterrein aan de linkerkant (Coile na Glas-Leitir Car Park), daar vertrekken twee wandelpaden: de Woodland Trail (1 uur wandelen) en de Mountain Trail (4 uur wandelen).

Ⓓ GLEN TORRIDON

Vanaf Kinlochewe loopt de A896 door Glen Torridon en verandert het landschap drastisch: opeens rijd je door bergen van kruimelige zandsteen, de zogeheten *Torridonian sandstone*.

E SHIELDAIG

Zijn witte huisjes maken het tot een van de mooiste dorpen van de Highlands. Het is extra verleidelijk, omdat in de jaren 1970 de zeearend hier opnieuw werd geïntroduceerd.

Shieldaig

❷ NANNY'S
Clachan Manse, Shieldaig

'Ook de locals komen graag in dit café. Absolute aanrader: de soep met gerookte zalm, proef ze en zeg het ons als we gelijk hebben! Alles is vers en lekker.'
| Ma.-za. 10.00-17.00 u; nov.-maart gesl. | Zeevruchten vanaf £ 10.

F APPLECROSS PENINSULA

In het westen van het schiereiland, onderweg naar de stad Applecross, rijgen de stranden zich aaneen en zie je uit op het eiland Skye. Meer in het zuiden van het schiereiland, ten oosten van Applecross (richting Lochcarron), klimt de weg naar de bergpas Bealach na Ba. Bij slecht weer is die soms gesloten (sowieso af te raden met een camper) en moet je omrijden via de A896.

❸ CLACHAN B&B
Applecross

● Kleine B&B met 2 comfortabele kamers.
● Het behangpapier is ontworpen door Tery, de eigenares en ook ingenieurarchitect.
| Tweepersoonskamer £ 120.

❹ APPLECROSS INN
Shore St., Applecross

● 7 mooie kamers.
● Uitstekend restaurant.
● Terras met uitzicht op het eiland Skye.
| Tweepersoonskamer £ 180-200
| Restaurant 12.00-21.00 u
| Gerechten £ 12-25.

ROADTRIP OVER DE NORTH COAST 500 (NC500)

ROUTE
APPLECROSS - INVERNESS

- Een etappe door het platteland, met hier en daar historisch erfgoed en dorpen met karakter.
- Ca. 150 km, van Applecross via Loch Garve naar Inverness.

A LOCHCARRON

Dit kleine dorp aan de oever van het gelijknamige meer telt enkele cafés en winkels. Ten zuidwesten ervan kun je een wandeling maken bij de ruïne van **Strome Castle**. Aan de overkant van het meer liggen de **Attadale Gardens** (eind 19de eeuw), met mooie bospaden, houten bruggetjes, een Japanse tuin, serres... Mooie uitzichten op het eiland Skye.
| *Attadale Gardens: Strathcarron* | *www.attadalegardens.com*
| *April-okt.* | *Niet gratis.*

❶ WATERSIDE CAFÉ
Main St., Lochcarron

- Populair café, klein, een schaduwrijk terras en uitzicht op Loch Carron.
- Mooi assortiment gebak.
| *Dag. 9.30-17.00 u*
| *Warme chocolademelk £ 3,40.*

B LOCH GARVE
Waterval vrij toegankelijk

In dit meer zou een kelpie wonen, een waterpaard! Parkeer net voorbij het loch en wandel naar de **Rogie Falls**, daar kun je soms zalmen zien springen.

Rogie Falls

C STRATHPEFFER

Dit 19de-eeuwse kuuroord pakt uit met erg mooie huisjes, een steen waarin de Picten symbolen hebben gekerfd (volg de bordjes) en een victoriaans treinstation dat nu een museum is.

② CRYSTAL HOUSE
Church Brae, Strathpeffer

- Een adres waar je de victoriaanse stijl van het dorp echt ervaart.
- Je kunt ook kiezen voor een kamer zonder ontbijt.

| *Tweepersoonskamer £ 85-130*
| *Halfpension mogelijk.*

De priorij van Beauly

D DINGWALL

Dit dorp heeft een grote veemarkt. Het museum huist in de oude *tolbooth* (rechtbank), die dateert van 1730. Ga zeker langs bij Cockburn & Son, kampioen in het maken van haggis!

E BEAULY
Priorij vrij toegankelijk

In dit dorp staat de ruïne van een priorij die in 1230 werd gesticht en in 1560, na de protestantse Reformatie, werd verlaten. Je kunt ze niet missen, ze staat midden in het dorp.

③ THE PRIORY HOTEL
The Square, Beauly

- Een hotel met 37 kamers, midden in het dorp.
- De kamers zijn sober, maar erg comfortabel ingericht.

| *Tweepersoonskamer £ 135-145.*

ROADTRIP OVER DE NORTH COAST 500 (NC500)

NOTITIES

NOTITIES

NOTITIES

NOTITIES

NOTITIES

NOTITIES

REGISTER

A

Abbotsford House	178
Aberlady	172
Alcohol	18
Anstruther	158
Aonach Mòr	111
Applecross Peninsula	193
Arduaine Garden	92
Ardvreck Castle	190
Arisaig	114
Attadale Gardens	194
Auto	10

B

Balloch	82
Balmaha	88
Balmoral Castle	136
Bannockburn	171
Bass Rock	172
Beauly	195
Ben Nevis	110
Black Isle	186
Blackness Castle	162
Blair Castle	140
Borders (The)	176
Budget	16
Buitenactiviteiten	28
Bus	13
Bute (Isle of)	80

C

Camping	15
Cape Wrath	190
Castle of Mey	188
Castle Stalker	104
Cawdor Castle	135
Clans	33
Crail	158
Cromarty	186
Culloden Battlefield	134
Culross	162

D

Dean Village	150
Dingwall	195
Dornoch	186
Doune Castle	163
Dryburgh Abbey	178
Dunbar	174
Duncansby Head	188
Dundee	164
Dunkeld	146
Dunnottar Castle	144
Dunrobin Castle	187
Dunstaffnage Castle	104
Durness	189

E

Edinburgh	46
Calton Hill	53

Dean Village	150
Edinburgh Castle	50
Grassmarket	50
Greyfriars Kirkyard	52
Holyrood Park	53
Leith	153
National Museum of Scotland	52
Palace of Holyroodhouse	53
Princes Street	52
Real Mary King's Close (The)	52
Royal Botanic Garden	153
Royal Mile	50
Scotch Whisky Experience	50
Scott Monument	52
Scottish National Gallery	52
Scottish National Portrait Gallery	53
St Giles' Cathedral	50
Stockbridge	152
Water of Leith Walk Way	153
Edradour Distillery	**140**
Eilean Donan Castle	**124**
Elektriciteit	**18**
Elie	**158**
Eten	**38**

F

Falkirk Wheel	**60**
Falkland	**163**
Feesten	**20**
Ferry's	**14**
Fife Peninsula	**156**
Filmlocaties	**36**
Fooien	**16**
Fort Augustus	**132**
Fort George	**135**
Fort William	**110**

G

Gairloch	**192**
Geschiedenis	**40**
Gezondheid	**21**
Glamis Castle	**144**
Glasgow	**62**
Ashton Lane	74
Bellahouston Park	75
Botanic Gardens	74
Buchanan Street	66
Gallery of Modern Art	66
Glasgow Necropolis	67
House for an Art Lover (The)	75
Kelvingrove Art Gallery	74
Kelvingrove Park	74
Kibble Palace	74
Lighthouse (The)	66
Merchant City	66
People's Palace	66
Pollok Country Park	75
Pollok House	75
Riverside Museum	75
St Mungo's Cathedral	67
St Mungo Museum	67
Sauchiehall Street	67
University of Glasgow	75
West End	72
Glen Coe Valley	**111**
Glen Nevis	**110**
Glen Torridon	**192**
Glencoe	**111**

Glenfiddich Distillery (The)	136
Glenfinnan Monument	114
Glenfinnan Viaduct	114
Glenlivet Distillery (The)	136

H

Haddington	174
Handa Island	190
Highland Games	32
Hopetoun House	162

I-J

Internet	19
Inveraray	92
Inverewe Garden	192
Inverness	128
Iona (Isle of)	102
Jedburgh Abbey	178
John O'Groats	188

K

Kelpies	34, 60
Kelso Abbey	179
Kerrera (Isle of)	102
Kilmartin Glen	92
Kirriemuir	144
Klimaat	8
Knockan Crag Geopark	191
Kyle of Tongue	189

L

Legendes	34
Leith	153
Linlithgow	60
Loch Assynt	190
Loch Eriboll	189
Loch Garve	194
Loch Katrine	89
Loch Lomond	84
Loch Maree	192
Loch Ness	132
Loch Tummel	140
Loch Voil	88
Lochs van Schotland	24
Lochcarron	194
Lochinver	190
Lost Valley	111
Lothians (The)	172
Luchthaven	7
Luss	82

M

Mallaig	114
Malt Whisky Trail	39, 136
May (Isle of)	158
Melrose Abbey	178
Midhope Castle	162
Mull (Isle of)	102
Muziek	33

N-O

National Museum of Flight	174
NC500 (North Coast 500)	180
North Berwick	172
Oban	96
Openingstijden	18
Outlander	160
Overnachten	15

P

Pentland Hills	58
Perth	146
Pitlochry	138
Plockton	125
Portmahomack	186
Portree	120

Q-R

Queen Elizabeth Forest Park	89
Queen's View	140
Rosslyn Chapel	174
Royal Deeside	136

S

Sango Bay	189
Scone Palace	146
Shieldaig	193
Skye (Isle of)	116
Smoo Cave	189
South Queensferry	146, 162
Speyside	136
St Andrews	159
Staffa (Isle of)	102
Stirling	168
Stockbridge	152
Stonehaven	144
Strathpeffer	195
Strathy Point	188

T

Tabak	18
Talen	18, 32
Talisker Distillery	120
Tanken	10
Tantallon Castle	174
Telefoneren	19
Three Sisters	111
Thurso	188
Tijdsverschil	6
Trein	12
Trossachs	84

U-V-W

Ullapool	191
Ulva (Isle of)	102
Urquhart Castle	132
Veiligheid	21
Vrije dagen	20
Wegen	10
Whisky	39, 136
Wick	187

FOTOVERANTWOORDING

Adobe Stock
Rechten voorbehouden: blz. 41 lb, 122, 136, 192, 195; A. Karnholz: blz. 30 mb, 33 l, 135, 194; acceleratorhams: blz. 114; Adam: blz. 118; Afunbags: blz. 156, 158; aiaikawa: blz. 145; Alan: blz. 28 o; Alpegor: blz. 45 mo; Andras: blz. 61, 149 rb, 176; AndrewJ: blz. 40 lo; Andy: blz. 190 rm; Anne Coatesy: blz. 181 ro; Arran: blz. 28 m; Atmosphere: blz. 110 rb; Beata: blz. 22 ro; billblenman: blz. 29 o; bnoragitt: blz. 36 ro; Brendan Howard: blz. 50; calumsmith0308: blz. 149 rm, 179; Charlton Buttigieg: blz. 36 lo; Cliff: blz. 111; Colin & Linda McKie: blz. 23 lm, 36mb, 67, 88 lm; cornfield: blz. 38 mb, 41 ro; _Danoz: blz. 22 rb; David: blz. 26 rb, 35 ro; David Woods: blz. 14; dcookd: blz. 149 lo; disto89: blz. 33 r; Dmitry Naumov: blz. 38 lm; Duncan Andison: blz. 21, 28 b; e55evu: blz. 30 ro, 35 lo, 91, 175, 181 lb, 187; Eddie Cloud: blz. 45 rm; elxeneize: blz. 121 ro; exclusive-design: blz. 38 lb; EyesTravelling: blz. 3, 26 ro, 36 lb, 108; Foto-Jagla.de: blz. 89; Fulcanelli: blz. 40 rb; Gary Ellis Photo: blz. 85; giumas: blz. 35 mo; Goodpics: blz. 38 rb; gorosi: blz. 20; grafxart: blz. 181 rb; grinchh: blz. 38 rm; Guillaume: blz. 41 rb; Hans-Martin Goede: blz. 23 ro, 45 ro; Heartland Arts: blz. 60, 62, 104 b; Helen Hotson: blz. 8, 17, 19, 40 lb, 107, 121 b, 181 lo, 182, 183, 193 ro, 193 lb; Henner Damke: blz. 30 lo; HighlandBrochs.com: blz. 186; Ian Woolcock: blz. 81; ig130655: blz. 102; Jill Clardy: blz. 98 ro; Juergen Wallstabe: blz. 26 mb; JulietPhotography: blz. 29 b; konoplizkaya: blz. 41 lo; korkeakoski: blz. 189; Kullathida: blz. 30 mo; lapas77: blz. 126; laplateresca: blz. 38 ro; Lars Johansson: blz. 23 rb; Leonard Zhukovsky: blz. 40 ro; Leonid Andronov: blz. 72; lisa_h: blz. 66; Louis-Michel Desert: blz. 88 lo; Luis: blz. 130 o, 130 m; Lukassek: blz. 125 b; Marion: blz. 38 m, 76 ro; Mark: blz. 103 lo; Martin: blz. 159 ro; Martin Valigursky: blz. 168; memory87: blz. 149 m; Monkey Business: blz. 142 lb; mountaintreks: blz. 45 lm; Natakorn Sapermsap: blz. 34; Nataliya Hora: blz. 43, 120; norbel: blz. 35 rb; Olga: blz. 172; Pawel Pajor: blz. 13; photoenthusiast: blz. 53; pitsch22: blz. 162 lo; Rawpixel.com: blz. 29 m; Reimar: blz. 149 lm; Richard Kellett: blz. 103 b; Richie Chan: blz. 35 lb, 155; Rick: blz. 45 lo; robnaw: blz. 178; Roelof: blz. 115; RowanArtCreation: blz. 150; rphfoto: blz. 134; schame87: blz. 32; Sergii Figurnyi: blz. 54, 128, 132; shaiith: blz. 6, 22 lm, 37; Silvano Rebai: blz. 30 rb, 36 mo; sophiahilmar: blz. 26 mo; spumador: blz. 100; SRSImages: blz. 24; stocksolutions: blz. 181 mb; susanne2688: blz. 159 b; tech_studio: blz. 26 lo; themorningglory: blz. 153; totajla: blz. 96; Train arrival: blz. 75; Ttstudio: blz. 30 lb; Vadim: blz. 104 lo; Valerie2000: blz. 10; vichie81: blz. 45 mb; Will: blz. 190 lo; William: blz. 146.

Hemis
Boisvieux Christophe: blz. 35 mb, 112 ro, 131; Eye Ubiquitous / Alamy: blz. 74 ro; Findlay / Alamy: blz. 45 rb; Iain Masterton / Alamy: blz. 160; Ivan Vdovin / Alamy: blz. 162 rb; John Peter Photography / Alamy: blz. 79; Jon Arnold Images: blz. 15 m, 25, 38 ml, 38 lo, 71, 117; Kay Roxby /

Alamy: blz. 68, 77; Mark Sunderland Photography / Alamy: blz. 170; Pistolesi Andrea: blz. 123; Robert Harding: blz. 18, 95; Travel Collection: blz. 78, 154; travellinglight / Alamy: blz. 113.

Shutterstock
Rechten voorbehouden: blz. 92; AAR Studio: blz. 70; Annette Willacy: blz. 125 o; Apostolis Giontzis: blz. 110 lm; Christian Mueller: blz. 57, 152; Colin Burdett: blz. 142 o; cornfield: blz. 69, 141; D. MacDonald: blz. 90 o; Dmitry Naumov: blz. 171 b; Edinburghcitymom: blz. 56 lb; EQRoy: blz. 99 lo, 99 mb; essevu: blz. 26 lb, 36 rb, 188, 191; f11photo: blz. 56 o; Francesco Bonino: blz. 82, 84; Heartland Arts: blz. 171 lo; Janusz Baczynski: blz. 164; Jaroslav Moravcik: blz. 64; John Paul Murray: blz. 86; Kaca Skokanova: blz. 112 lb; Marco Bicci: blz. 46; Michelangello89: blz. 163; Milosz Maslanka: blz. 51; pattison2811@hotmail.com: blz. 140; pio3: blz. 143; Robert Mullan: blz. 166, 167; SergeBertasiusPhotography: blz. 58; Sergii Figurnyi: blz. 52; Spiroview Inc: blz. 55; Studio Karel: blz. 149 o; travellight: blz. 98 lb; TreasureGalore: blz. 90 rb; Ulmus Media: blz. 74 lb, 149ro; vetasster: blz. 76 lb.

OMSLAG
Uitzicht op Edinburgh © Manel Venuesa/iStock

Oorspronkelijke titel: Simplissime Écosse
Oorspronkelijke uitgever: Hachette Livre (Hachette Tourisme)

De reeks Simplissime Voyage is ontwikkeld in nauwe samenwerking met **Jean-François Mallet**.

Directie: Sidonie Chollet
Uitgeefdirecteur: Cécile Petiau (Hachette Livre)
Uitgevers: Beatrice Hemsen, Lieven Defour (Lannoo)
Redactie: Sarah Lachhab
Vertaling: Erik Ros
Cartografie: Frederic Clemencon en Aurelie Huot
Kaartvertalingen: Peter De Bock
Grafisch ontwerp: Studio HelloÉlo
Opmaak: Keppie & Keppie, Varsenare
Met dank aan: Liza Sacco en Celine Le Lamer

Simplissime Andalusie © Hachette Livre (Hachette Tourisme), 2023
© Nederlandse tekst, Uitgeverij Lannoo nv, Tielt, 2023

Het redactieteam heeft de grootste zorg besteed aan de samenstelling en de controle van deze gids. Maar omdat de gegevens voortdurend gewijzigd worden, moet de praktische informatie (prijzen, adressen, bezoekuren, telefoonnummers, bezienswaardigheden, internetadressen...) worden beschouwd als een aanwijzing. Het is dan ook best mogelijk dat bepaalde info bij het verschijnen van deze gids niet helemaal correct of volledig is. Wij kunnen daar niet verantwoordelijk voor worden gesteld. Deze gids bestaat voor en door u; u bewijst ons dan ook een grote dienst door eventuele tekortkomingen of vergissingen te melden. Aarzel niet om ons uw opmerkingen en suggesties over de inhoud van deze gids mee te delen. Bij een eerstvolgende bijgewerkte editie zullen wij daar rekening mee houden.

Contactadres Simpelweg

Uitgeverij Lannoo
Kasteelstraat 97
B-8700 Tielt

Uitgeverij Terra-Lannoo
Postbus 23202
1100 DS Amsterdam Zuidoost

www.lannoo.com
www.simpelwegreisgidsen.com

D/2023/45/372 - NUR 512
ISBN 978-94-014-9093-1

Niets uit deze uitgave mag worden verveelvoudigd en/of openbaar gemaakt worden door middel van druk, fotokopie, microfilm of op welke wijze ook zonder voorafgaande schriftelijke toestemming van de uitgever.